單星篇

東方星理學

Oriental Astrology * 40 Star Signs

融合古老智慧和現代元素，
解譯個人潛能與人生曲線的說明書

東方星理學創始人．紫微斗數泰斗 天乙上人——著

瞭解自己人格特質的優劣點，預知人生曲線高低處
為的不是少出力，而是能夠施巧力
不只是為了避險，更為了能在順風時借力，逆風時沉潛
讓你不管處在人生哪一個階段，都能找到明朗的前進方向

東方星理學創始人・紫微斗數泰斗

天乙上人

作者簡介

畢生鑽研斗數系統，潛心著作、教學四十年，十年前開始研發以「圖像符號」代替星座名稱，並以古代宮廷的人物，爲古老的紫微斗數賦予全新生命力。

「東方星理學」的詮釋現代化，是爲了讓年輕世代易於接受、吸收，研發過程融入西方心理學與大數據統計學，並以此克服這門學問無法跨越語言翻譯的障礙，最大的期望，便是能藉此將東方星理學弘揚國際，爲傳統文化盡一份棉薄之力。

經歷

- 社團法人中華民國占驗紫微學會—創會理事長
- 占驗法門第五十四代掌門人
- 復華易學研究院院長
- 四十年執業經驗，授生五十期，學生近六百人，分布世界各地
- 專業著作數十冊

著作

- 現代斗數眞訣（共六冊）
- 占驗紫微PMP（共六冊）
- 紫微通鑑（共十四冊）
- 紫微斗數命例眞解三百例（共三冊）
- 占驗夢境乾坤（共三冊）
- 占驗姓名學（共二冊）

得獎記錄

- 《東方星理學》榮獲二〇一三年歐盟（比利時）國際發明展（文化類）金牌獎
- 羅馬尼亞國家研究院金牌獎
- 波蘭國家發明聯合總會金牌獎。

網址

www.skyfate.tw

作者序

二〇〇〇年秋，老夫應日本媒體之邀，前往參訪十天，短短十天讓我印象十分深刻。其中有三點值得一提，一是日本人對中華文化相當喜歡又重視，參訪過的大企業會社，其業務部門幾乎人手一本《三國志》，部長級以上皆在研究孫子兵法，而且每週開會做心得報告，但身爲文化宗主國不但忽視反而崇洋媚外。

其次，日本在我印象中，應是比台灣更先進的國家，卻在東京一家專門傳授中國五術的私人補習班，該班主任當著我的面炫耀他們使用的講義有多詳盡、先進，仔細一看，攤在我眼前的《面相學》講義是台灣瀟湘居士的著作，另一本《紫微斗數》則是老夫一九九六年出版的作品。問題來了，我怎麼不知道我的著作何時授權且跨國公開授課了？甚至連站在班主任面前他也不認識作者本人我？怪哉！

第三則是二〇一三年老夫爲瞭解大陸市場現況，深入基層旅居七個月，知道大陸數個網站上公開販賣老夫的作品，卻無法可管，我也只能一笑置之。

打出道以來，面對辛苦熬夜的著作被仿冒、盜賣、剽竊，早已司空見慣不足爲奇了，套句律師的話：「你的作品若不夠好，是沒有人會仿冒剽竊的。」自我安慰一下，與其頻抓模仿的人，不如讓自己跑更快，這就是自我超越的原動力。

自一九七八年認識恩師陳家齊先生後，便一頭栽進占星學的領域，從原始深奧難懂的手抄文本開始，投入老夫最精華的四十年青春，超過二十次不斷的創新、增訂、修訂等不斷的演化，其中在一九八六年創新十二宮位的六十種論法（此爲1．0版），一九九六年增訂了3D活盤精論（2．0版），二〇〇五年將心理學融入紫微系統，並加入大數據的理念（3．0版），爾後再將紫微斗數全部符號化，突破古文翻譯外文的困境（4．0版），符號圖像化的過程全部歷時十一年，經歷過四次失敗，打掉重練，耗資數百萬始成功，並在二〇一一年十二月十七日於台北世貿會議中心做世界性第一場4．0版學術發表會，第二場於二〇一三年九月十三日在中國北京人大會議中心發表，爾後因健康因素，才未繼續舉辦推廣。

老夫一生醉心占星學教學、著作、創新，迄今著書五十七冊，此回強忍手臂酸痛將占星4．0付梓，總算湊足六十本，此生足以告慰父母、祖先，望後學能接棒譯成外文繼續往海外發揚，惟願足矣。

天乙上人 合十

二〇一九．十．七

目錄

目錄

★副星系列

輔助星系列

前言

根據史籍的記載，在距今五千多年前的三皇五帝時代，中國即有天文占星學。在《史記．天官篇》中，以三垣：紫微垣、太微垣、天市垣爲中心，配合黃道廿八星宿爲主軸；至周朝，加入了四獸：朱雀、玄武、青龍、白虎來區分方位；延伸至宋朝太宗時代，演繹成一套以紫微爲主的斗數系統，流傳至今，其精密的統計程式廣爲世人使用，被奉爲東方的天文占星絕學，更是屬於世界華人的珍貴文化資產。

這項寶貴的學術，在中國近百年來經歷了戰爭、內亂、文化大革命等因素，其原始珍本流落海外各地，現在世界各地都在瘋學中文和中華文化，在中國本地反而中斷了，實在可惜！屬於中國的天文占星學斗數系統卻在台灣發揚光大，幾乎到了無人不知的流行程度，將這門學問活用到各個層面，把研究心得當成論文和著作。

老夫深入研究了四十餘年，爲了符合大環境的變化和時代潮流，融入了心理學、管理學、領導統御與大數據理論等元素，讓這門學問更貼近生活層面，使每一個人都能學而有用。

紫微斗數系統是一種以人爲本的學術，以星性基因、思想觀念、行爲傾向爲分析重點，比西方的「性向測驗」更爲精準細緻。「瞭解自己是未來最偉大的工程」，只有充分瞭解自己的基因優劣和潛能傾向，才能進而掌握對自己最有利的機會點。畢竟「聰明的人創造機會，懦弱的人等待機會，愚笨的人永遠錯過機會」。百分之九十的人不瞭解自己，不懂自己的人格特質，一輩子跟著別人屁股後面走，甚至重複犯著同樣的錯誤，無法知人善任之外，也無法發揮自己的潛能優勢，斗數的研究，就是爲了幫助研究者開啟潛能、把握機會、開展美好的人生。

中國天文占星學文化久遠、博大精深，但古占星學的星座名稱艱深難懂，因此本人研發了四十個圖案，搭配以中國古代宮廷爲背景的新星名，賦予這套古老的學術一個新生命，也從根本上解除了翻譯上的困難，從此可以順利譯成各國語文，達到弘揚中華文化於世界各地的目的。

注一：本書中的星座圖像皆已獲得WTO世界認定的著作圖形專利。

注二：本著作榮獲二〇一三歐盟（比利時）國際發明展文化類金牌獎；羅馬尼亞國家研究院頒發的金牌獎；波蘭國家發明聯合總會金牌獎。

什麼是「東方星理學」

在台灣，「紫微斗數」這個名詞可說街頭巷尾人盡皆知，但一旦離開台灣這個小島，即英雄無用武之地，連來源地中國都少有人聽過。在日本、韓國、越南、馬來西亞等地區，紫微斗數亦有許多愛好者，但卡在原文字義難懂，根本無法翻譯成外文，讓愛好者無門可入。

老夫此生花了超過四十年的青春時光，一路將「紫微斗數」古文進化到1．0，再將十二宮位的用途擴增到六十個項目，讓這古老的文化、學問，能跟得上社會的進步和演化，是爲2．0版。

一九九六年，老夫再將心理學的精華融入「紫微斗數」裡，並將世界知名心理學家佛洛伊德、榮格前輩的人格分析圖表引用進來，用六大數據理論及圖表化，讓原來的「紫微斗數」更精細，更容易看懂也更容易學習，此爲進化3．0版。

二〇〇五年，老夫發明了近百個符號圖案，取代古文的星座名稱，一舉突破了語言翻譯上的罩門，從此可以順利的翻譯成各國文字，讓世界上更多的愛好者享受中華文化的精華，此乃「紫微斗數」4．0版，也是屬於東方星理學。

《東方星理學》的原創概念，取自中華文化「易經」其中的「易」，它有三個境界，第一是「變易」，老夫將「紫微斗數」其艱深難懂又複雜的程式結構，全部打掉重練，將大小一百多個星座，簡化到只留重要的四十顆星座，讓這門學問更容易理解、學習，把複雜的東西簡單做。

第二層境界是「簡易」，就是怎麼樣簡化，把古傳的「紫微斗數」圖表化、數字化，更容易翻譯成外文，也讓下一代年輕人更容易入門學習。

第三層境界是「不易」，新的「紫微斗數」3．0版即是東方星理學，程式內容已融入心理學的元素，更運用科技大數據的統計資料，將結論以心理學的圖表分析，讓使用者在最短的時間內，了解對方的人格特質和優缺點。

東方占星學中的「性向分析圖」

東方星理學與眾不同的創新精華，在於除了將千年古文化的占星哲學現代化，將其詮釋符合時代的潮流及生活現狀，更接近「人」的基本元素。

科技進步一日千里，AI的運用越來越廣泛，但再怎麼厲害的科技或電腦，其程式也是靠「人」寫出來的。東方星理學專事研究、探討、分析有關「人」的基因、人格特質、性向、行爲模式等基本組合因素。

「性向分析圖」是以「紫微斗數」2・0版，融入世界知名心理學家榮格的分析圖表，運用大數據所統計出來的數字，讓讀者更快、更容易了解。此篇即是「紫微斗數」3・0版之精華所在。

要解析「性向分析圖」所呈現的數字意義，須從各個角度去分析，才能靈活運用。圖表上的數字只代表跡象，數字高並不是優點，數字低並不就是缺點，只是顯示其人之性向、傾向、基因特徵而已，絕對不是看到高分就高興。

例一（請見第20頁），「性向分析圖」中顯示親和程度80分，代

性向分析

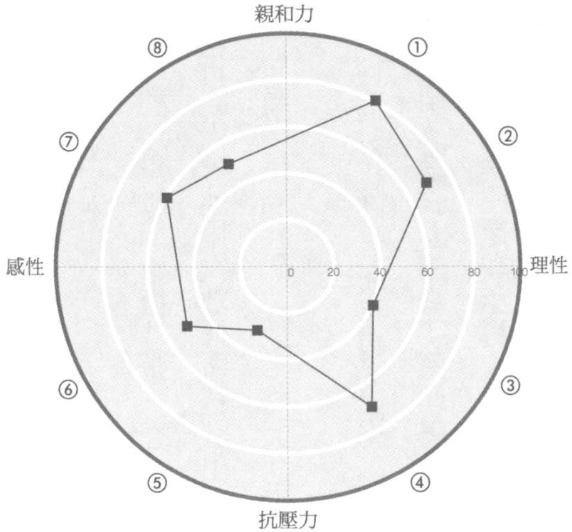

① 親和程度 —— 80 分	⑤ 抗壓能力 —— 30 分
② 感性反應 —— 70 分	⑥ 學習能力 —— 50 分
③ 理性直覺 —— 40 分	⑦ 情緒控管 —— 60 分
④ 叛 逆 性 —— 70 分	⑧ 表達能力 —— 50 分

表其人應對、笑容可讓大多數人接受，讓人容易親近。這種人適合擔任櫃台服務員、專櫃服務員、外勤業務員、公關等工作，低分則不適合擔任此工作。

其次，叛逆性指數高者，代表其行為模式偏向調皮搗蛋，在父母心中是個難以管教、不聽話的壞小孩。但從另一個角度看，這是個創新的人才，可從事研發工作，必有很好的成績。若叛逆指數低者，就是個聽話乖寶寶基因，較適合傳統定型化的工作性質。

東方星理學中的「心態屬性表」

「心態屬性表」所得出的分數高低同樣沒有對錯，也並非優缺點，而是當事人「人性的弱點」。

表中（請見第22頁）所屬的五種指標數字，代表其心性的傾向和

心態屬性表

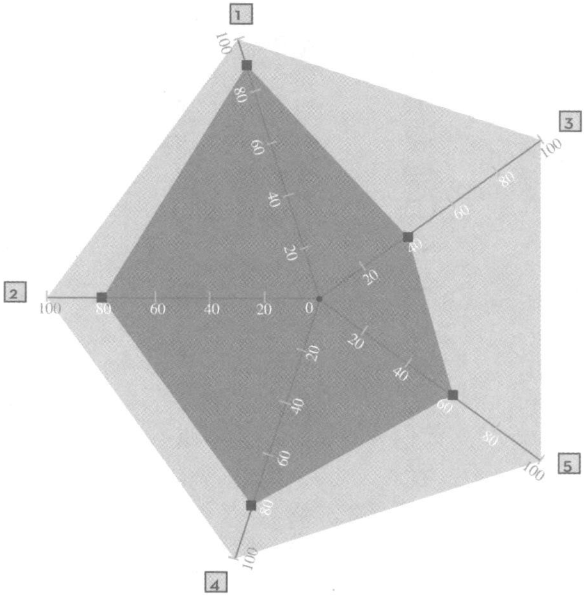

1 天倫享受指數—90分

2 愛情享受指數—80分

3 精神享受指數—40分

4 物質享受指數—80分

5 成就享受指數—60分

心態的屬性，指數高分者反而是其弱點和罩門，讀者須從正面、側面及反面思考，才能體會其中的精華之處。

例如，若「愛情享受指數」高分，即顯示其重視男女之間的親密享受（即性的享受），這也是他的弱點。

其次，若「成就享受指數」高分，即代表此人非常在意旁人對他能力上的評價，這就是他的罩門。相當在意名片上的頭銜，心態上就容易活在別人的評價裡。

東方星理學中的「人格特質表」

舉例來說，若這位員工的「領導統御」項目不及格，你敢升他當主管嗎？

人格特質表

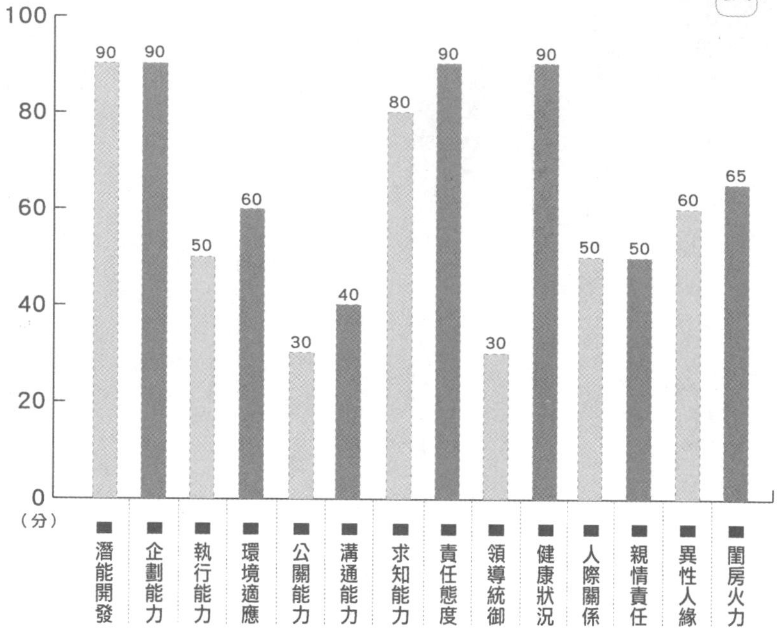
100
80
60
40
20
0
（分）
90
潛能開發
90
企劃能力
50
執行能力
60
環境適應
30
公關能力
40
溝通能力
80
求知能力
90
責任態度
30
領導統御
90
健康狀況
50
人際關係
50
親情責任
60
異性人緣
65
閨房火力

若這位員工「執行能力」項目不及格，你會派他負責專案嗎？

一個有夢想、有目標的人，會用使命感驅動自己的毅力，努力往前執行。解析星盤必須考量當事者所處的時代背景、文化程度、人格特質、品德修養及出生家庭背景等，這些條件都會左右一個人的格局和作爲。

「性向分析圖」、「心態屬性表」和「人格特質表」，這三張圖表是大企業人資單位及中小企業徵人時的最佳利器，能最短時間內精確地了解應徵者的基本屬性，快速的把對的人放在對的位置。

當全世界學術界都在說「了解自己的屬性」是未來最大的工程時，希望本書的出版，能對此盡一份棉薄之力。

入門基本知識

欲進入占星領域，必須先熟記下列基本常識，初學者一定要牢記，最好是能背下來。

①五行

根據《史記．天官篇》記載，中國很早就懂得觀察宇宙天象俯察地理氣場，爲了區別滿天繁星，老祖宗們找出四面共廿八星座爲坐標，簡稱廿八宿。

偏東方的七宿因其外形像龍，按五行學說，東方屬木，與匹配的顏色是青色，所以這七宿稱爲「青龍」。以此類推，南方七宿稱爲

「朱雀」，屬火，色紅；西方七宿稱爲「白虎」，屬金，色白；北方七宿稱「玄武」，屬水，色黑。

廿八宿跟季節也有關係，青龍會在春天出現，朱雀、白虎、玄武則分別在夏天、秋天、冬天出現。因此構成了季節、方向都是四個，但五行學說卻是五個，沒有得到匹配，古人爲使之相配，於是將春夏季節交替的三月、夏秋交替的六月、秋冬交替的九月及冬春交替的十二月，置於四季之中，這樣季節和五行理論就完全融合了，此四個月份色黃，屬中央。

方位	代表色	名稱	五行
東	青	青龍	木
西	白	白虎	金
南	紅	朱雀	火
北	黑	玄武	水
中	黃	中央	土

②五行的生剋關係

相生：金生水→水生木→木生火→火生土→土生金

相剋：金剋木→木剋土→土剋水→水剋火→火剋金

③數字的陰陽五行

五行	陽＋	陰－
木	1	2
火	3	4
土	5	6
金	7	8
水	9	10

④ 十天干的陰陽、五行、方位

天干	陰陽	五行	方位
1	+	木	東
2	−	木	東
3	+	火	南
4	−	火	南
5	+	土	中央
6	−	土	中央
7	+	金	西
8	−	金	西
9	+	水	北
10	−	水	北

⑤ 地支的陰陽、五行、時間

地支	陰陽	五行	時間
Ⅰ	+	水	23:00-01:00
Ⅱ	−	土	01:00-03:00
Ⅲ	+	木	03:00-05:00
Ⅳ	−	木	05:00-07:00
Ⅴ	+	土	07:00-09:00
Ⅵ	−	火	09:00-11:00
Ⅶ	+	火	11:00-13:00
Ⅷ	−	土	13:00-15:00
Ⅸ	+	金	15:00-17:00
Ⅹ	−	金	17:00-19:00
Ⅺ	+	土	19:00-21:00
Ⅻ	−	水	21:00-23:00

⑥地支五行圖

火$^{-}$ VI	火$^{+}$ VII	土$^{-}$ VIII	金$^{+}$ IX
土$^{+}$ V			金$^{-}$ X
木$^{-}$ IV			土$^{+}$ XI
木$^{+}$ III	土$^{-}$ II	水$^{+}$ I	水$^{-}$ XII

⑦ 地支四時、方位

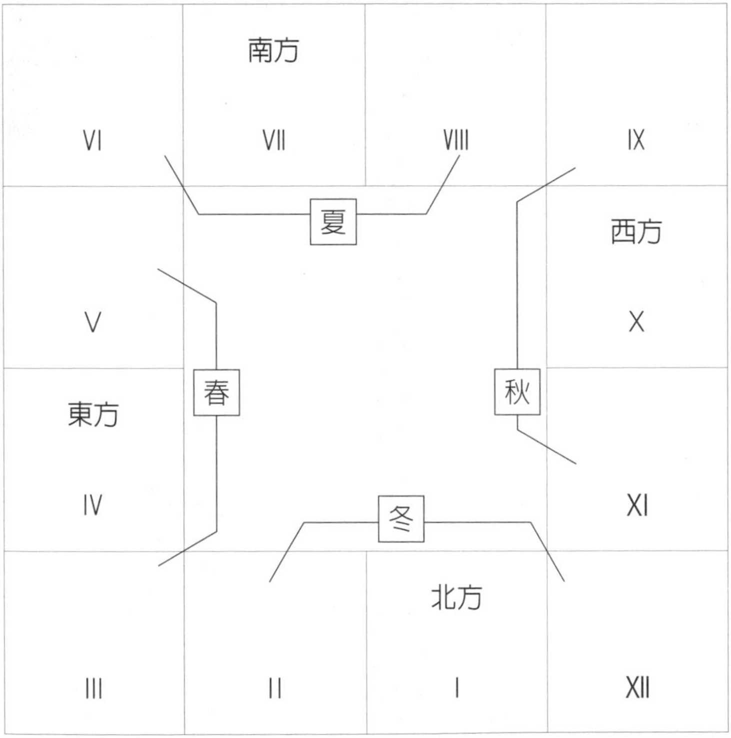

⑧地支三合　木局

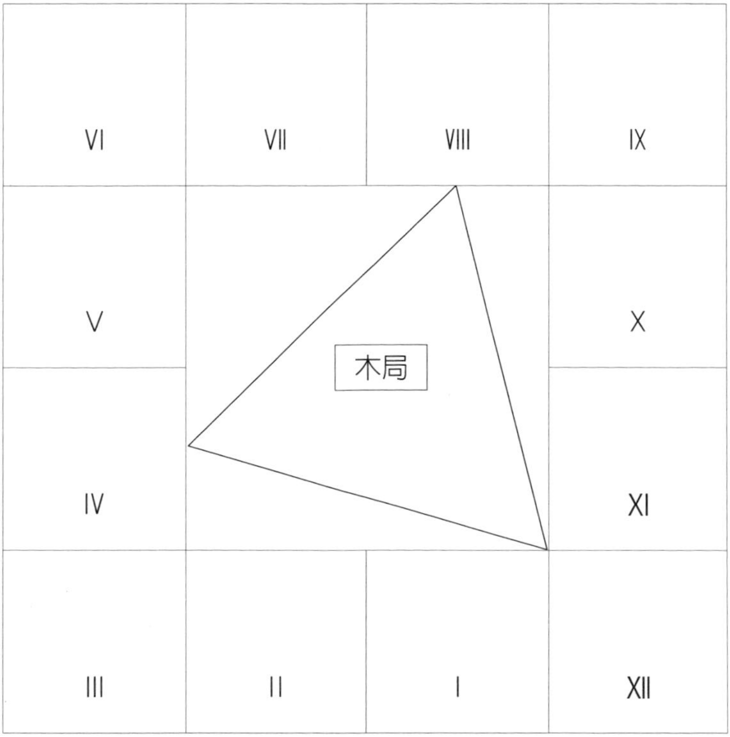
VI
VII
VIII
IX
V
X
木局
IV
XI
III
II
I
XII

水局

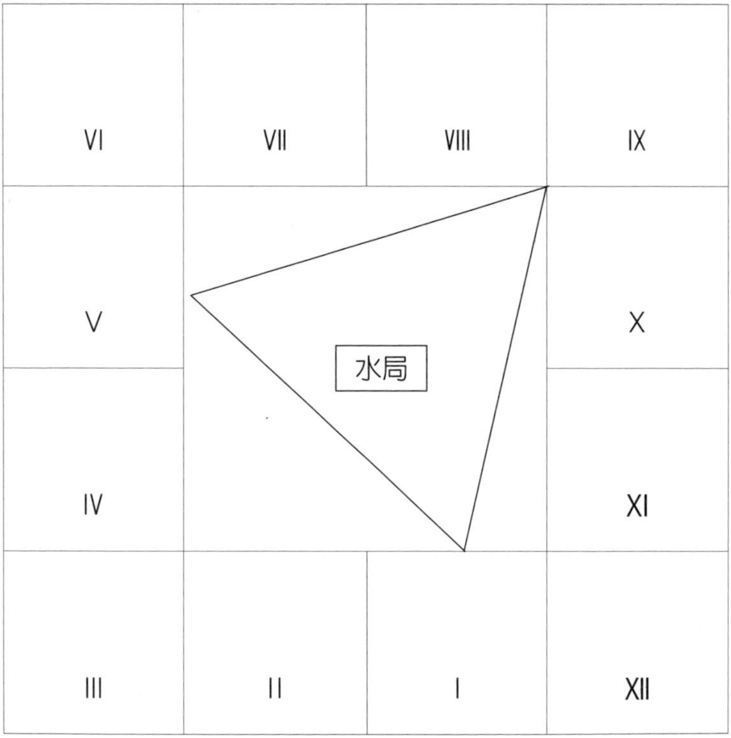

金局

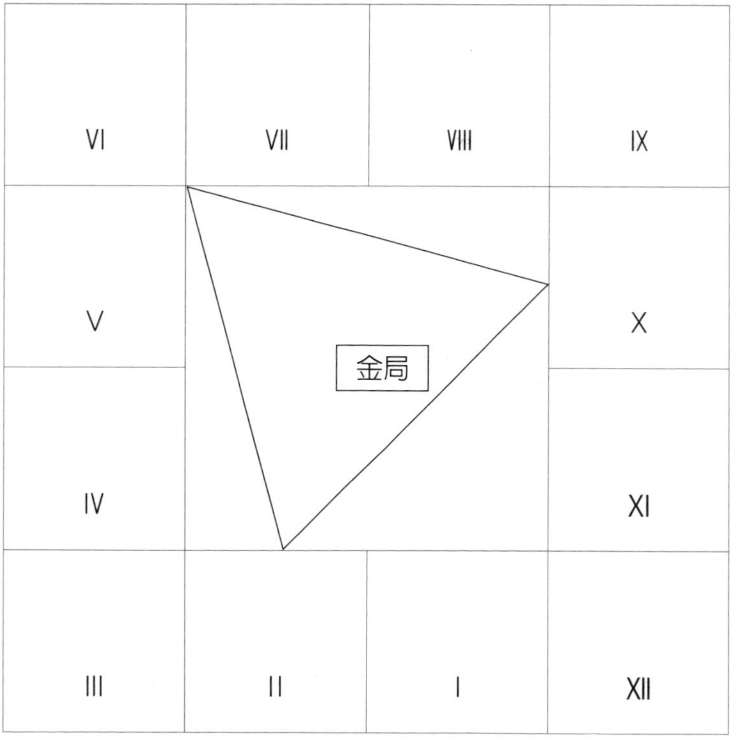

火局

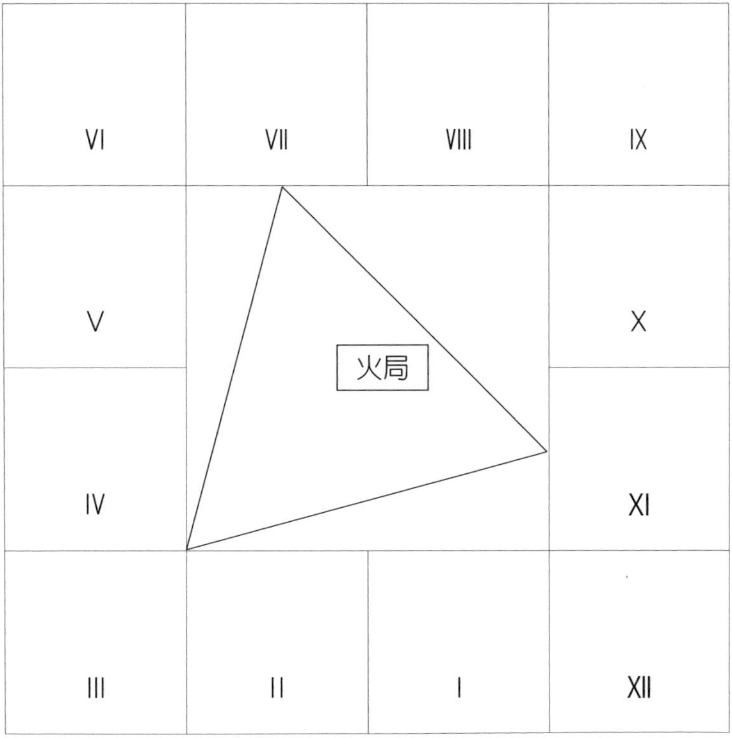

⑨地支六合

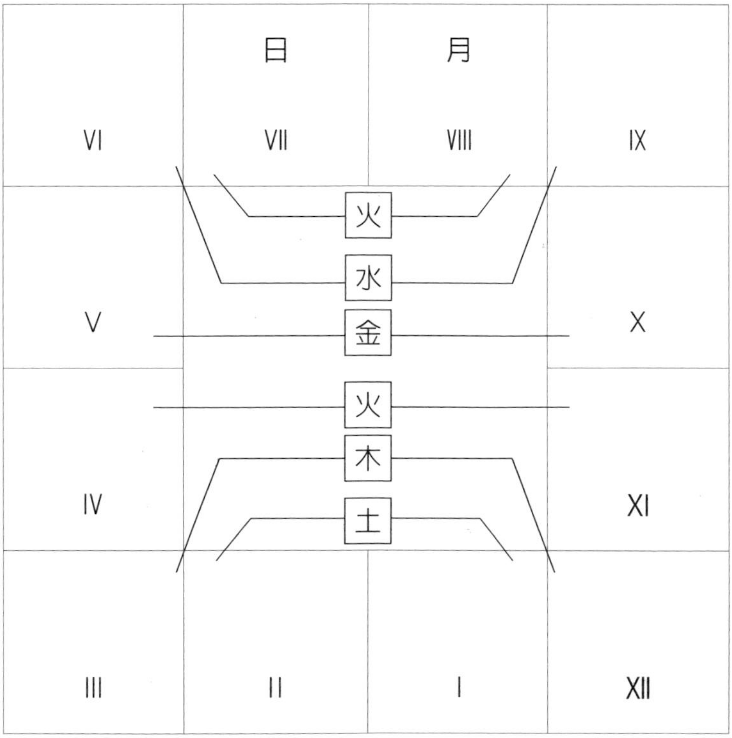

⑩ 地支六沖

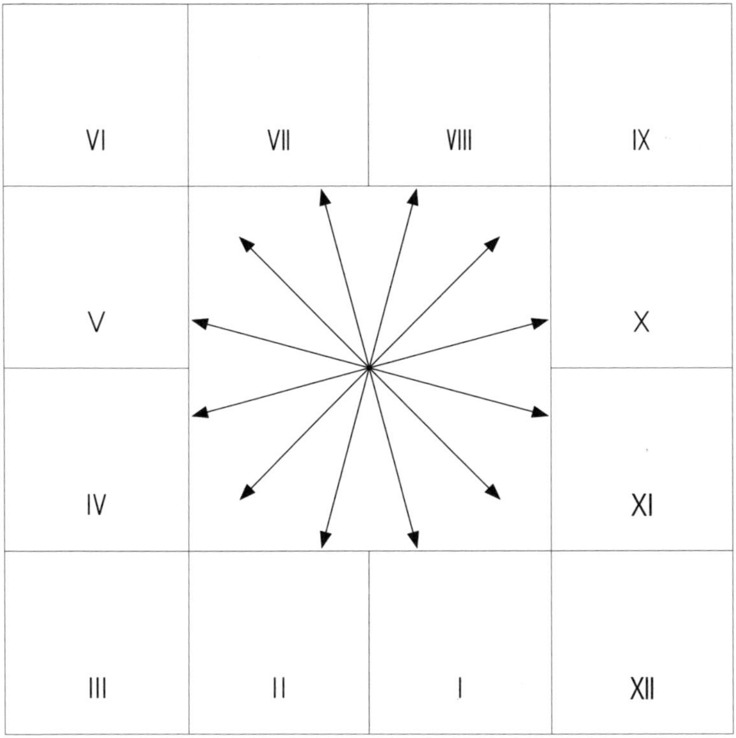
VI
VII
VIII
IX
V
X
IV
XI
III
II
I
XII

⑪ 星理學相關術語和用詞

區塊表

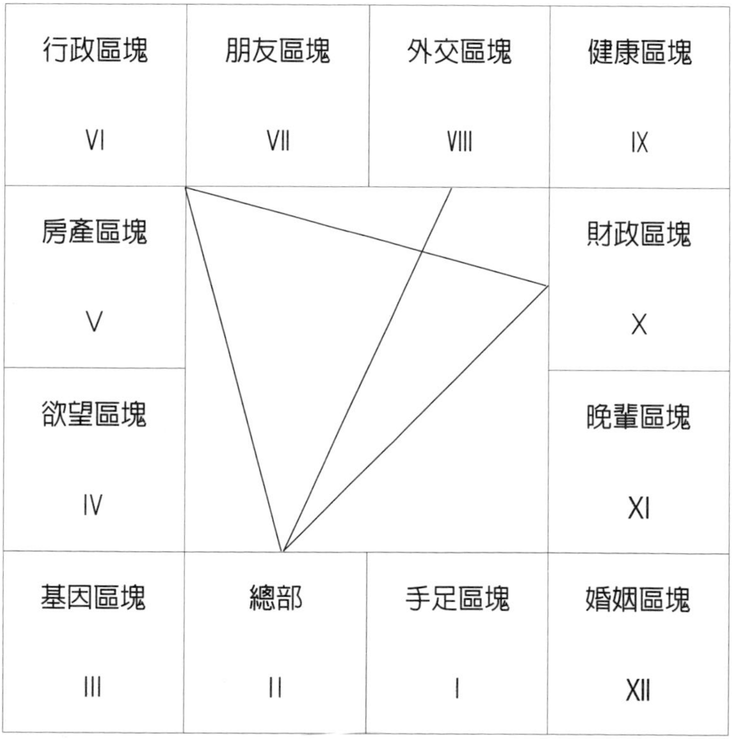

十二個區塊，每個區塊都可能成為總部，端看出生年、月、日、時間而定，每個人的命盤因總部落入的位置不同、加上每個區塊所落入的星座組合不同，造就獨一無二的人生軌跡盤。

欲了解個人命盤，可上網直接查詢，網址請見：www.skyfate.tw，輸入個人出生時間，即可得出專屬星盤。

星座旺弱

○、□、△、×是星曜亮度的代表符號。

○為亮度80％以上；

□為亮度80％～60％；

△為亮度60％～40％；

×爲亮度40％以下。

名詞說明

逢、遇：爲同一區塊內之意。

會：爲三合區塊加對面區塊之範圍，爲整個運作團隊之意。

沖、照：當對面區塊有吉星時稱之爲「照」，對面有煞星時稱之爲「沖」。

拱：爲本區塊之外另外兩個區塊來拱，稱之爲「拱方」。

夾：任何一個區塊的左右兩側，稱之爲「夾」。

起星盤時，要特別注意當事人出生地之經緯度，時差的差異及當地是否有實施日光節約時間，星盤定點若有誤，恐差之毫釐失之千里。

單星星性分析

主星系列

在東方星理學中，主星共有十四顆，分屬於紫微垣、太微垣和天市垣。

十四顆主星各有特色，各有優勢和弱勢，並沒有哪顆星較優或較劣的區別，唯有了解主星特質、掌握團隊的組合能量，方能活出您星盤的獨特之處。

皇帝

Empero
天皇
原爲：紫微星

所屬團隊

紫微垣系統中的帶班主星，具有強勢、開創、指揮的特質。

星座特性

皇帝星屬「土」，在東方星理學中為至尊之星，號稱「帝座」，主掌星盤中爵祿、名聲、地位、享受，因此也是「官貴之星」。

皇帝星是紫微垣之首，具有強勢、開創的性格，有領導才能，態度雍容，善於發號施令。宰相星是太微垣之首，善於管理，性格務實，帶有霸氣與持重的特質。而王爺星和皇后星則屬於天市垣系統，帶有強烈的親情色彩，都愛家顧家，不同的是王爺星追求社會地位、具有博愛特質，而皇后星則感情細膩、性格優柔，小愛重於大愛。

紫微垣、太微垣、天市垣這三個星系，便是構成東方星理學星圖架構的三大系統。

皇帝星，顧名思義是一個帶有帝王特質的星座，不過每個星座各有優缺，沒有好壞之分，而是要看星座特質中較讓人欣賞、符合自己期待的一面有沒有被發掘出來，以及某些性格特質中較讓人無法接受的一面有沒有經過後天的修為來改善。因此，皇帝星入總部並非就能唯我獨尊、一帆風順，必須參看搭配的其他星座而定。

皇帝星屬「土，土可以形塑，因此皇帝星在沒有加上任何輔助星的情況下，意志並不堅定，耳根較軟，喜歡聽好聽話，而且愛面子、重形象。但若有吉星拱照，就像皇帝星相當喜歡一呼百諾、唯我獨尊的感覺，此時便可在自己的領域中號令指揮，有資源、有氣勢、有威嚴，得以發揮星性的正面能量。

皇帝星入總部，野心、事業心強，具有雄心壯志，不管自己做不做得到，想要享受成就的企圖心都是很強烈的。皇帝星相當注重自我形象，渴望獲得名氣、肯定，覺得能夠掌握權力、達到世俗功成名就的標準才算人生贏家。因此，皇帝星常常忙於工作打拚，精神生活的充實度反而較低。

皇帝星主官貴，年輕時多半高傲、自命不凡，但年過五十之後，個性上會有返老還童的傾象，甚至會跟小孩搶玩具。

解讀東方星理學的星盤絕不能單以一個星座或一個區塊就下定

論，必須看整個團隊，也就是三方四正（總部、外交區塊、財政區塊、行政區塊）的團隊來決定這個組合是加分或扣分、能否充分發揮各個星座的正面能量？還是組合不佳、多半呈現負面特質，因此也影響了整體運勢走向。

星座組合

皇帝星最喜照會：正學士、副學士、左護法、右護法、科舉星及貴人星，呈現眾星拱主，讓皇帝的號令可得以落實。皇帝星與科舉星、貴人星同區塊，一呼百諾，領導力得以發揮；皇帝星會正學士、副學士、左護法、右護法，主貴，適合任公職或在文化界發展。而皇帝星與此六星以同區塊的力量最大，拱照次之，再次為兩區塊相夾。

皇帝星最不喜單守，若再會澇神星和恍神星，皇帝星的負面個性如自視過高、倔強彆扭、固執己見的特質反而凸顯，相當不易溝通，反成徒有其表，有雄心壯志卻只會喊喊口號而已。

皇帝星不宜逢四大煞星：馬前卒、後衛兵、火神星、旱神星，也就是皇帝星沒有會到左右護法，也沒有會澇神、恍神，但同區塊卻有一顆煞星時，此時皇帝星的優點全然不見，形成王權旁落奸臣當道，以煞星造反、橫衝直撞的個性爲主，變得孤僻、思想極端、脾氣暴躁、固執難溝通，更常常靠罵人來逞威風，動不動就惱羞成怒。

皇帝星最需要團隊中有左、右護法的加持，論皇帝星的特質和能量時，須先看左右護法在幫誰，才能研判這個皇帝到底是康熙大帝？日本天皇？還是非洲史瓦帝尼的國王。

長相特徵

皇帝星入總部，不論男女，多半有法令紋，天生具有氣質和氣勢，雙目有神，帶威嚴，大方體面。

皇帝入總部，身材不一定高眺，但都有點魁梧，或有種穩健的氣勢。女命皇帝星多為鵝蛋臉型，初見讓人有種高冷、不易親近的神態。

皇帝星在體型上腰背和肩膀較寬厚，年輕時無論男女都有一副衣架子，稍加打扮便氣勢十足。中年後，「少年白」出現得較早，頭髮也漸漸稀少，有禿頂現象產生。年輕時可能就有明顯法令紋，中年後會漸漸發福，且多從中圍開始胖起，但財富卻和身材成正比。

人格特質

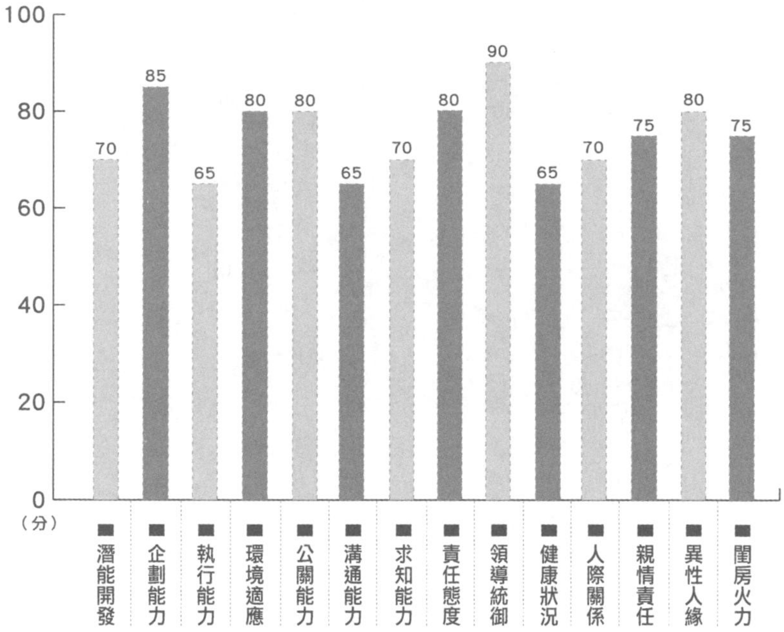
100
80
60
40
20
0
（分）
70 潛能開發
85 企劃能力
65 執行能力
80 環境適應
80 公關能力
65 溝通能力
70 求知能力
80 責任態度
90 領導統御
65 健康狀況
70 人際關係
75 親情責任
80 異性人緣
75 閨房火力

性向分析

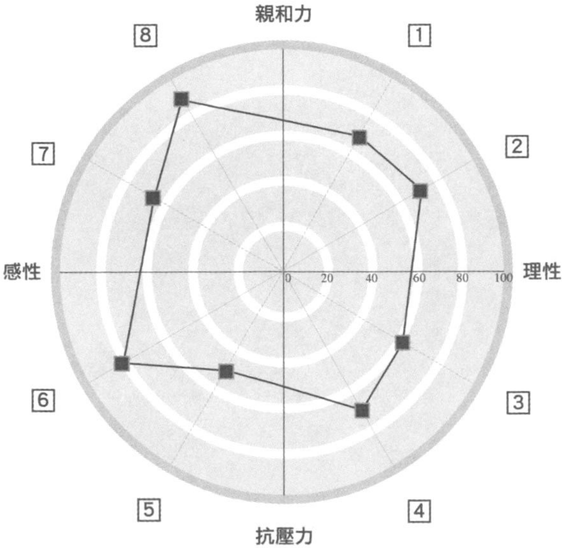

1 親和程度——65分	5 抗壓能力——50分
2 感性反應——70分	6 學習能力——80分
3 理性直覺——60分	7 情緒控管——65分
4 叛 逆 性——70分	8 表達能力——90分

男性

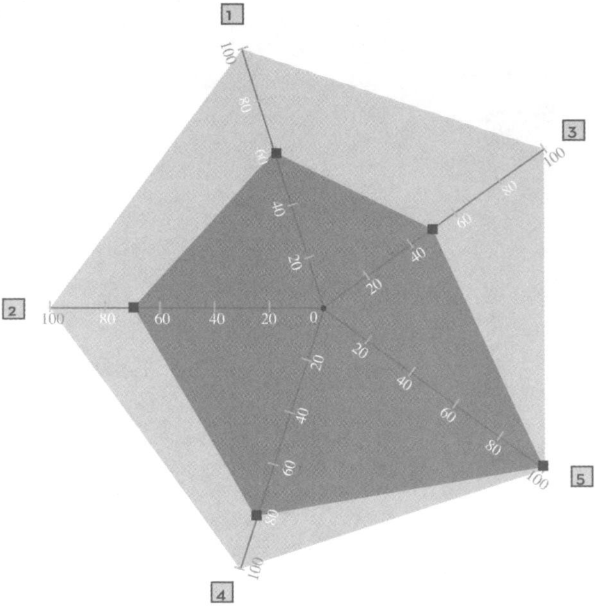

1 天倫享受指數—60分

2 愛情享受指數—70分

3 精神享受指數—50分

4 物質享受指數—80分

5 成就享受指數—100分

女性

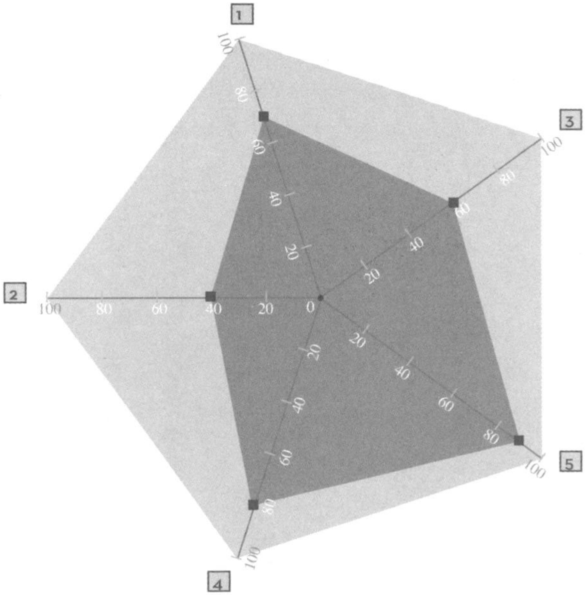

1 天倫享受指數—70分

2 愛情享受指數—40分

3 精神享受指數—60分

4 物質享受指數—80分

5 成就享受指數—90分

心態屬性

皇帝星男性的野心較強，有雄心壯志，喜歡忙於工作、追求名利，爲事業打拚之餘，也會享受美食、追求物質享受。

皇帝星男性體型上腰背多肉，個性忠厚、懶散、容易倚老賣老；感情脆弱，喜歡聽讚美、最受不了人家撒嬌、拜託或柔情攻勢。

皇帝星女性和男性差異頗大，女性外型高䠷，有股獨特的氣質，看起來秀氣矜持。外表端莊、氣質高雅，性格含蓄、愛幻想，容易被浪漫氣氛打動，容易給人一種距離感，其實外冷內熱，無法抵擋浪漫的強烈攻勢，但一察覺合不來時也會毫不猶豫地換人。

皇帝星女性對事業沒有那麼大的雄心壯志，除非皇帝星加上掌握星，或是與將軍星同區塊，才會顯得霸氣或有衝勁，對社會地位和自我價值才有較大的追求。

皇帝星性格優點

個性忠厚耿直，待人謙恭，老成持重，孝順、重感情。做事乾脆俐落，慷慨，沉著、機警、反應快，能屈能伸，有領導才幹。

喜歡追求時尚，不落伍，可塑性極強，有多方面的興趣。

皇帝星性格弱點

疑心病較重，心胸狹窄，喜歡抓權、賣弄權威，領袖欲望強烈，別人對他好都是應該的，欠缺回饋、感恩的心，一切以對他有利與否爲思考主軸。

虛榮心強（會滂神星時較明顯，女命尤甚），處事欠理智，容易沉迷於感情是非，不易自拔（女命尤甚）。處逆境時容易氣餒，有投機心態，愛面子、容易打腫臉充胖子，爲表示自己吃得開而做出超過能力的承諾。

行運逢之

皇帝星是一個強勢的星座，如果三方四正所會到的星座團隊也都是強勢的，但這樣一個強勢的團隊卻是童限逢之，因年紀太小，尚無經濟基礎及社會經驗，無法有所作爲，頂多當個孩子王，反而使小孩怠惰好玩而無法專心好好念書（除非會顯耀星可解）。因此第一大運童限時走皇帝星，通常功課普普，但風頭十足，運勢反而屬於晚發。

第二大運若逢皇帝星，此時還在就學期，走這麼強勢的運，多半會想在學校團體中嶄露頭角、出風頭，喜歡參加社團或可以出名或帶頭的活動，因此對於本業功課恐怕較難以兼顧。

第三大運的年紀約莫在二十多至三十出頭，由於皇帝星主開創，此時很有衝勁，多半想自行創業，但若缺乏完整的評估策劃、社會歷練不足低估市場或環境的變動性，那麼這個大運創業恐只能賺到經驗，不易熬過創業期的辛苦。

行運走皇帝星，以中壯年時期最好，絕大部分的人都是在第四大運才有發揮的空間和機運，甚至到第五、第六大運都沒關係。中年走皇帝星屬於旺運，此時精力、魄力、閱歷充足，如一頭蓄勢待發的猛獅，比年輕時走皇帝星的力道還要強勢，若時機恰當，環境和人爲要素皆具備的狀況下，此時足以開創一番局面。

老運才走皇帝星也不好，因爲此時氣血俱衰，力不從心，反而會因操勞而導致身體多病痛（須注意腦溢血及血壓病變），以及易犯小人，或因是非而有求於人。因此老來走旺運，太過勞碌，反而不能好好享清福。

軍師

Military adviser

參謀

原爲：天機星

所屬團隊

太微垣系統。

星座特性

軍師星屬「木，是一顆益壽星，也稱為動星、智慧星、宗教星和賭博星，亦是一顆解順逆的星座。

爲何軍師星是「益壽」的星座？「益壽」不等於「長壽」，因此並不是軍師星入總部的人就一定長命百歲，而是當流年走到軍師星時，就算病況危急，也可能死不了而拖到明年，這就是「益壽」的意思。但這樣的「益壽」好不好？那就見仁見智了。

而爲何軍師星可以「解順逆」？因爲軍師星是一顆動星，浮動的星，只要運走到軍師星的這一年，環境上或多或少都會有所改變，但這個改變不一定是好的，「解順」或「解逆」都有可能，假設去年運勢不錯，今年走軍師星的話，那就得心裡有數，可能要「解順」走下坡了。而不論轉好轉壞、轉上轉下，都是改變環境、改變情況，是一個高低起伏的轉折點。

軍師星也是一顆智慧星，並不是指軍師星入總部的人最聰明，而是指軍師星千變萬化的心思、善於出點子、腦袋動得特別快的特質。軍師星的數字概念強，對數理方面的理解力很快，對於電腦、電玩、下棋、解謎、過關之類的遊戲相當有興趣。此外，與生俱來相當好的企劃力、研發力，聰明是有的，但不一定智慧高，因爲太跳躍性的思考以及沒有耐性的特質，也讓軍師星難以獨當一面，再加上軍師星沒有發號施令的威嚴，善於紙上談兵而不善於大刀闊斧的執行，因此適合當幕僚而不適合當老闆。

軍師星好動，動的是腦袋而不是身體，軍師星看起來斯文優雅，其實腦袋從沒閒著，端看往好的方向鑽研或是往歪的路線鑽漏洞。因爲軍師星動星的特質，因此對環境或對各方面事物容易產生喜新厭舊感，像是不喜歡一成不變的工作內容，只要覺得工作沒有挑戰性了，就會產生換工作或老闆的念頭，這種追求新鮮感的個性雖然較不穩定，但對於自我成就感的追求，也是社會進步的動力之一。

軍師星也是一顆宗教星，並不是說軍師星一定會有宗教信仰，而是傾向對於命理、哲學、心理學等有研究或探討的喜好，大運走到同論。

星座組合

軍師星機靈善變的心性非常適合從事幕後策劃，是相當好的幕僚人才，但重要的是需要有伯樂賞識，軍師星若可與正學士星、副學士星、科舉星、貴人星或顯耀星等其中一顆星同區塊，那麼才華與謀略更是加分，也可得到貴人的支持協助，等於千里馬得遇伯樂，才華有舞台可以發揮。

軍師星和監察史星都有「高壽」特質，同時也具備賭性，若是會到庫銀星必有專業技術；會到正學士、副學士、科舉星、貴人星，主聰明過人；會到馬前卒星、後衛兵星、糾纏星、澇神星，則爲破格，爲人心胸狹窄，個性愛計較、孤僻。

軍師星也是一顆亦正亦邪的星座，軍師有才華出眾的，也會有老奸巨猾的，主要差別在於軍師星會到的星座是吉星多？還是煞星多？和怎麼樣的星加在一起，軍師星就會往哪邊靠一些，遇到吉星，軍師星往上提升；遇到煞星或澇神星、恍神星，軍師星的腦袋就容易轉偏方向，聰明用錯地方，只想用省力輕鬆的方式賺錢，若再加上阻礙星、鬼魅星的話，更容易鑽漏洞、遊走法律邊緣，像是詐騙集團等智慧型犯罪。

長相特徵

軍師星坐命大多中等身材，臉型多爲長方帶圓，遇到密探星的話臉型才會更方正一點。

顴骨突出，眉型較柔和，但眼神銳利，眼睛單眼皮或內雙居多，有時會有丹鳳眼的感覺，長相不錯，多半帶有斯文或古典美的氣質。

軍師星男性多半走文青路線，整體給人一種學識涵養不錯的感覺，但同時又有一種不易交心的距離感。中年後髮量漸少，髮型走向V型禿。軍師星女性則是走古典美路線，外表看似柔弱其實內在強悍。

人格特質

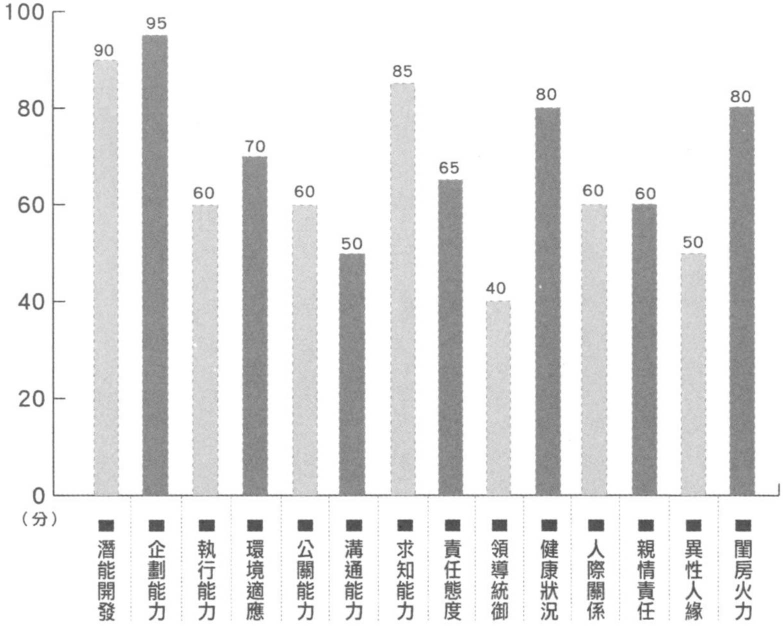
100
80
60
40
20
0
（分）
90
95
60
70
60
50
85
65
40
80
60
60
50
80
潛能開發
企劃能力
執行能力
環境適應
公關能力
溝通能力
求知能力
責任態度
領導統御
健康狀況
人際關係
親情責任
異性人緣
閨房火力

性向分析

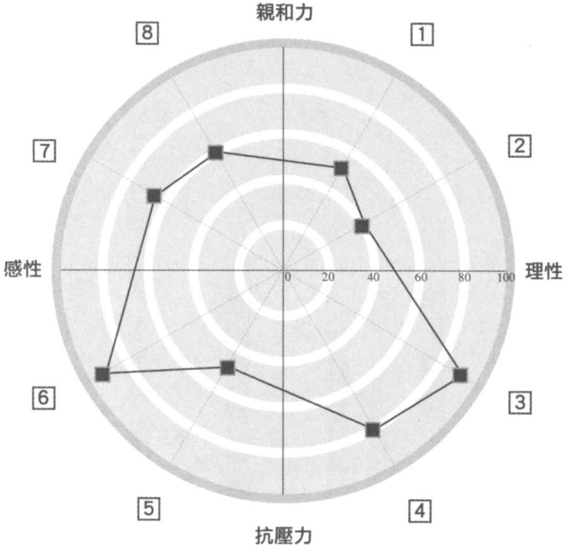

1 親和程度——50分
2 感性反應——40分
3 理性直覺——90分
4 叛 逆 性——80分
5 抗壓能力——50分
6 學習能力——95分
7 情緒控管——65分
8 表達能力——60分

男性

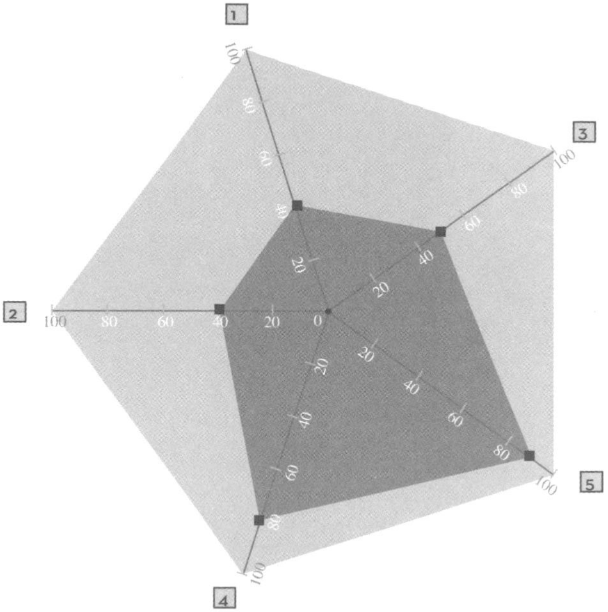

1 天倫享受指數—40分

2 愛情享受指數—40分

3 精神享受指數—50分

4 物質享受指數—80分

5 成就享受指數—90分

女性

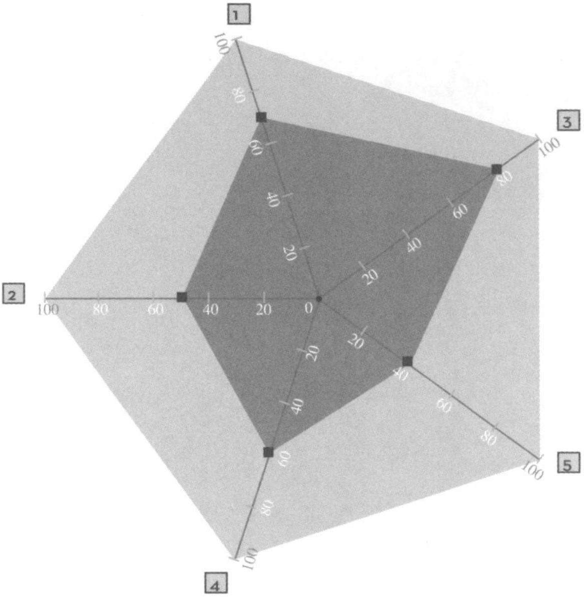

1 天倫享受指數—70分

2 愛情享受指數—50分

3 精神享受指數—80分

4 物質享受指數—60分

5 成就享受指數—40分

心態屬性

軍師星男人多性急浮動，機謀多變、富幻想，自我評價甚高。重視金錢、地位、名聲，不太能接受他人批評，家庭觀念薄弱，甚至可能因追求個人成就而忽略家庭。

軍師星女性為人精打細算，善理財，處事能力強，有時多愁善感、好幻想又情緒化；喜歡做家事，略有一點潔癖。小事多計較，買東西時享受討價還價的樂趣；好動閒不住，就算婚後也多半是職業婦女，從事商務及動腦相關的工作比例較高。

軍師星性格優點

軍師星口才好，嘴上不饒人，同時軍師星也是「善宿」，心地善良，只是「刀子嘴，豆腐心」，除非加上煞星，否則不會算計他人。

軍師星機智、心思敏捷，觀察細微，喜研究、發明、創新。善謀略，策劃力強，創意想法很多，好奇心強又好動（包括動腦），聰明學習力強，常看兩遍就學會了。對父母孝順，但對於感情方面較爲理智。做事情有原則，精明能幹，是最佳幕僚人才。

軍師星性格弱點

軍師星性急、善辯，愛爭強好勝，理虧時理由很多，自我意識強，因此容易得罪人。事業上難忠於一主，意思並非三心兩意容易背叛公司或老闆，而是性格好動、容易喜新厭舊，且常自認爲千里馬，若不能得老闆重視，很快就想另尋伯樂。

軍師星數理能力強，但常常對小事精明計較，遇到大事卻迷糊，做事往往得不償失。軍師星性格中也略帶神經質，有時多愁善感、有點孤僻，遇到挫折容易洩氣、發怒，較膽小怕事。

行運逢之

軍師星的特質是年輕、活潑、多變、浮動的，但軍師星的變動不是大格局的大刀闊斧、大起大落，而是小事累積而成的逐步轉變。軍師星性格帶有理想性，看待錢財、工作、感情都有較理想化的傾象，對當事人來說，整體運勢好壞要看四象星的落點變化而定，因此有些人走軍師星大運的時候悠悠哉哉，有些人則汲汲營營，工作事業和感情婚姻一場糊塗，當然也有人在軍師星大運時憑著專業技術和才華，成爲專業領域中的佼佼者。

無論如何，十年大運走到軍師星，這十年必定相當忙碌，但忙碌是否有所獲？完全要看組合和四象星落點而定，若是軍師星逢煞星、阻礙星、滂神星的話，組合不良，凡事絕不可貪圖一時方便、投機取巧，否則十年大運走完只能徒呼一場空。

若是組合良好，像是軍師星遇到正學士星、副學士星、科舉星、貴人星等加持，再加上四象星落點好，不論是唸書進修、或是在專業領域中繼續下功夫，都可以受到肯定並有好成績。不過這個大運仍不宜創業，當個穩定的上班族最好。

王爺

Royal highness

王様

原爲：太陽星

所屬團隊

屬天市垣系統。

星座特性

王爺星五行屬+火，是官祿之主，主權貴。男命王爺星代表父親、自己、兒子；女命王爺星代表父親、丈夫、兒子。

王爺星重視親情，家庭觀念很重，同時也因爲是「事業主」所以特別重視工作表現，事業心強。整個星盤中，首先該留意的是王爺星落在什麼位置？如果王爺星在旺地（III～VIII）且沒有其他星座干擾，表現出來的就會是王爺星的正面特質，像是富有正義感、光明磊落、熱心助人，且活力十足，有責任感、榮譽心。個性愛面子，對朋友大方，勤勞努力，顧家、愛小孩，很有求知欲和領導欲，胸懷大志，重視成就感，同時帶有大男人性格。

王爺星入總部，不論男女都喜歡參與社會性、政治性、大眾性的活動，像是研討會、社團、或是當義工，年紀越大越熱衷，每天相當充實。王爺星主「官貴」，意思是頭銜響亮但不一定財富多，王爺星必須會到「資源星」才會有錢，而且財富多寡與身分地位成正比，頭銜越高，收入越高。

旺地的王爺星若會到吉星，喜歡從事與文化、教育、大眾傳播、政治等具有社會參與性的工作，因爲王爺星需要舞台才能發光發熱，展現正面能量。

如果王爺星落在落陷位置（IX～II），正面特質都會變得晦暗不明，衝勁少了、人也懶了，堅持力不夠，做事虎頭蛇尾，容易耽於享樂並且有投機心態，爛桃花也比較多。

落陷位置的王爺星不一定喜歡出風頭，反而喜歡默默的不引人注意，從事的工作也多屬於檯面下的、晚上的、暗房的、甚至帶有是非性質的，落陷位置的王爺星不喜歡太累太勞動的工作，動腦、勞心可以，越輕鬆的越喜歡。若是組合不良，像是落陷的王爺星加上煞星和阻礙星，特種行業或是違法的工作都敢做，因爲這樣賺錢最快、最能獲得暴利！

王爺星對男性而言，象徵父親、自己、兒子，對女性而言象徵父親、丈夫、兒子，因此王爺些入總部的人，多多少少會與家中的這些人形成磁場效應的問題。如果王爺星的組合很好，小時候會受到家中長輩的重點照顧，管得也比較嚴格；如果王爺星組合不良的話，則會辛苦很多，可能因爲父親運勢較差無法負擔家中經濟、或是父親健康出問題、或與父親無緣長期相處等等，因此家裡的責任往往會落在王爺星入總部的人身上。如果王爺星的組合一般般，那麼就表示與父親之間溝通有障礙，雖然都是爲了對方好，但思考和互動就是難有交集。

王爺星還有幾個重要特質，在身體上，王爺星代表血壓、視力，只要王爺星在旺地，那麼當事人一到中年，血壓必定上升；相對的，王爺星在落陷位置，血壓則偏低，若是再加上煞星、阻礙星，不只視力不佳，而且一定有散光。

此外，王爺星或是皇后星入總部的人有個異於常人的體質，就是沒有時差性，而且相當能熬夜。一般人搭長途飛機可能難以入睡或是容易有時差，但這兩顆星入總部的人沒有這些困擾，下了飛機可立刻切換當地模式，相當適合從事空服員或需要在多國間往來的工作。

星座組合

王爺星最喜歡會到庫銀星，除了可加強星性更爲孝順顧家之外，也可緩減與父親、丈夫、兒子間磁場不合的現象。王爺星屬火，它就像一盞燈，喜「照」不喜「坐」，如果王爺星在對面區塊，便可照亮自己，人生路上前途光明一帆風順；但若是王爺星坐在總部，與男性親屬間較有隔閡，且因工作能力強、事業心重，加上孝順顧家，因此一生多勞碌，典型的燃燒自己照亮別人。

王爺星位在旺地若加上「刀械星」，掌生殺大權，可從事武職或政治界，從醫的話適合當外科醫生。若旺地的王爺星遇到科舉星、貴人星，主名聲，可從事公職。

長相特徵

王爺星入總部的人，臉型多爲橢圓形，旺地是大餅臉，陷地或是晚上生的人則下巴稍尖。膚色上男人較黑、女人較白，身材中等，特別的是毛髮旺盛，尤其眉毛更是天生濃密。體格較壯碩，胖瘦都很快。

人格特質

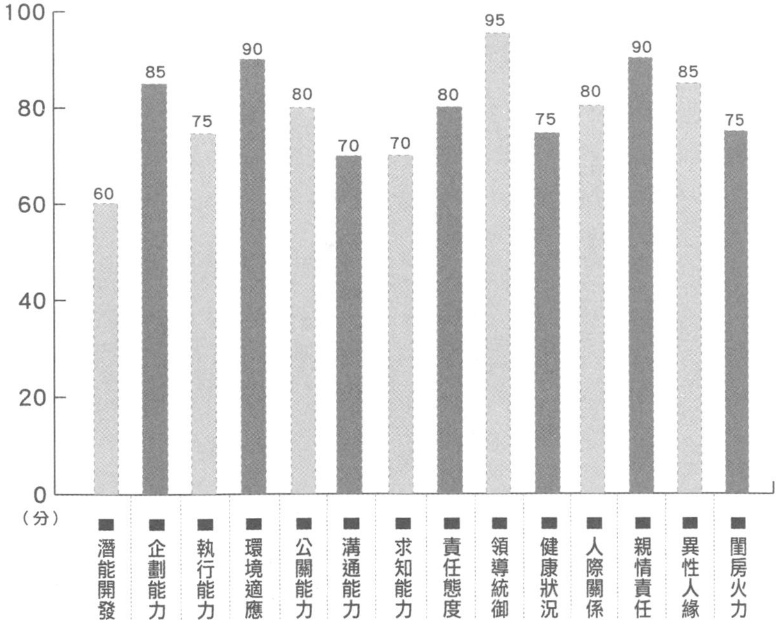
100
80
60
40
20
0
（分）
60
85
75
90
80
70
70
80
95
75
80
90
85
75
潛能開發
企劃能力
執行能力
環境適應
公關能力
溝通能力
求知能力
責任態度
領導統御
健康狀況
人際關係
親情責任
異性人緣
閨房火力

性向分析

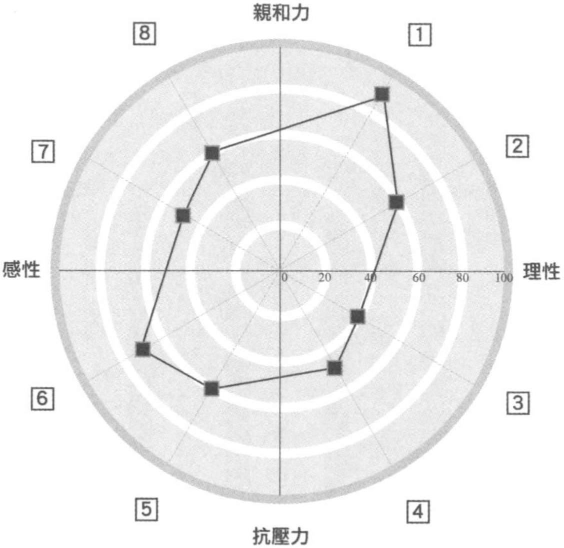

1 親和程度——90分
2 感性反應——60分
3 理性直覺——40分
4 叛 逆 性——50分
5 抗壓能力——60分
6 學習能力——70分
7 情緒控管——50分
8 表達能力——60分

男性

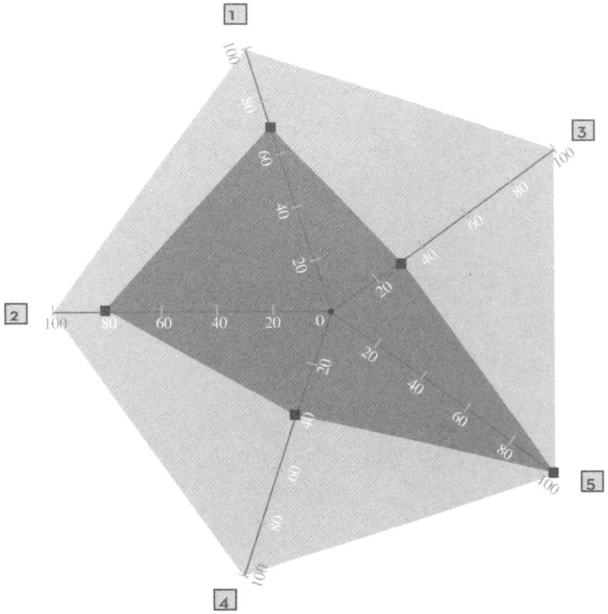

1 天倫享受指數—70分

2 愛情享受指數—80分

3 精神享受指數—30分

4 物質享受指數—40分

5 成就享受指數—100分

女性

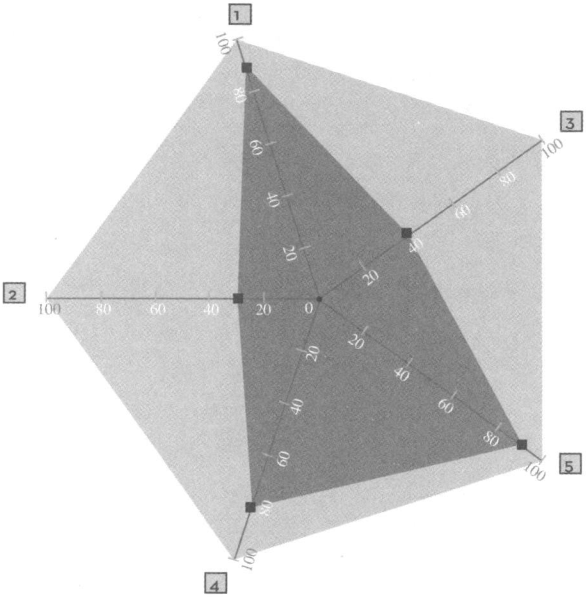

1 天倫享受指數—90分

2 愛情享受指數—30分

3 精神享受指數—40分

4 物質享受指數—80分

5 成就享受指數—90分

心態屬性

王爺星位在旺地或陷地，會讓一個人的氣質、特徵、行運的差距非常大，而且就連男女命的差別也很大。對男性而言，王爺星就是工作和事業的代名詞，所作所爲都是爲了成就工作事業，就算工作再累都不覺得苦，創造力、活動力、領導欲超強，最怕的就是失去可以發揮的舞台。王爺星就如同蠟燭一般，兩頭燒也沒關係，就怕不被點燃、沒有被發光發亮的機會。

王爺星入總部的人，對外人都很熱情，男性熱情海派，女性也很爽朗大方。以王爺星入總部的女性來說，與男性朋友相處時沒有隔閡，可以稱兄道弟當哥們，因此異性緣很好，不過這種好並不帶有男女間感情成分，比較像是同性間的氣味相投。

比較特別的是，因爲王爺星象徵父親、丈夫、兒子，佔了象徵男性的星座，因此王爺星女性在氣焰、工作成就上多半不讓鬚眉，甚至比男人更強勢。也因爲如此，王爺星女性的感情路較爲曲折，桃花雖旺，戀愛機會也不缺，但就是容易遇到姊弟戀情、或是不負責任的另一半，最後只好一肩扛起經濟重擔。

王爺星性格優點

有愛心、度量大、聰明、喜歡助人，不過以家人爲優先，非常顧家，但有幾個家就顧幾個家。個性忠厚且剛強，直腸子，行事風格直來直往、光明磊落，有話喜歡直說，活力充沛，喜歡運動，待人忠誠，有榮譽感，自尊心強，重視工作事業發展。

王爺星性格弱點

若是落陷位置的王爺星，個性衝動、耐性不夠，很怕囉唆；做事虎頭蛇尾、先勤後惰，堅持力不足，講的總比做得多，而且勞心勞力、常遇是非。行事風格比較低調，講話不直接，爲人較自私，帶有傲氣，固執易怒，不順心時容易偏執。王爺星不管是男性還是女性，桃花都很旺，而且越是落陷的王爺星桃花越旺，私生活相當精彩。

行運逢之

逢王爺星行運，不論是流年或是十年大運，當事人心中心心念念的絕對是以事業成功爲前提，以家人爲重心，若是再逢四象星加重的話，一切努力都是爲了追求工作成就感，獲得更多掌聲和名聲。

運行王爺星，特別要注意王爺星位在旺地還是陷地，走旺地王爺星的運勢，可以衝刺、可以大鳴大放、可以參與政治、社會、公益、教育或傳媒有關的事務，此時很容易獲得大眾矚目。但若是運走陷地王爺星的運勢，人會變得較懶散，雖然可能也有很強的事業心，但不利於曝光在大眾之前，工作和人際應對上也容易遇到挫折，常有烏雲蔽日的感覺。

司庫

Treasurer
金庫番
原爲：武曲星

所屬團隊

紫微垣系統。

星座特性

司庫星五行屬「金」，主財富，又名將星、寡宿星，是一顆至剛至毅的星宿。

司庫星屬金，爲財帛之主，在東方星理學中有好幾顆與財富有關的星座，像是司庫星、皇后星、宰相星，其中司庫星主現金，皇后星主不動產，宰相星則為財庫。

司庫星之所以為「將星」，是因為司庫星有剛毅的性格，不懼危險、勇往直前，有一股威風凜凜的氣勢，以現代社會來說，是軍官或警官的代表。

司庫星最大的特質是直爽、乾脆、不拖泥帶水，重義氣也重視物質享受，相當重財。個性堅毅帶有傲氣和一點孤僻，個性非常務實，認為人生大小事都需要用錢，因此有錢才有安全感，往往帶給人一種愛錢的印象。不過司庫星講信用也講義氣，說話算話，只要有錢賺，工作再累都不怕。

所有的星性都是一體兩面，司庫星個性直爽乾脆不拘小節，聲音洪亮、動作豪邁，這是優點，但相反的，面對事情也有過於衝動、草率、或思慮不周全的狀況，特別是需要細心、溫和處理的事情，往往會讓司庫星給搞砸，在感情方面尤其如此。司庫星又被視爲「寡宿星」，意思是司庫星性格帶孤僻、喜歡獨來獨往，再加上不夠柔軟、不解風情、沒有情調的特質，感情線要不是不順、要不根本就是一片空白。

司庫星性格硬梆梆是有目共睹的，思考直線，行事風格直來直往，遇到問題時多半想用錢解決了事，說好聽是豪爽，其實是缺乏細膩的心思，無法顧慮他人想法，或者根本也不在乎別人怎麼想，說者無心聽者有意，有時候得罪人了都不知道原因何在。若想和司庫星人當朋友，拉近彼此距離最快的方式就是分享賺錢資訊，文藝、心靈層面的軟性話題等於對牛彈琴。

司庫星的喜怒哀樂相當明顯，高不高興都在臉上，沒有模糊空間，也不會裝模作樣，激將法對司庫星人相當有用，很容易被激怒，因此情緒控制不佳，情商不高。不過司庫星人雖然性格剛毅、臉色不怎麼溫和，但心腸很軟，只要對他們訴苦掉眼淚，他們絕對願意伸出援手，是典型面惡心善的代表。

司庫星作爲財星，這輩子即使沒權也絕對會有錢，不過這個錢並非一出生就有，而是後天賺來的，司庫星和宰相星一樣，錢財多寡和體重成正比，外型越壯實，荷包也就越飽滿。而且司庫星人要到四十歲左右才會嶄露頭角，四十歲前通常仍待磨練。

星座組合

司庫星最喜逢資源星和掌握星，資源星主財，掌握星主雙，像是雙住所、雙財源，都是利於進財的組合。不過若是司庫星入總部，而使節星入分部，則形成了「財與囚仇」的格局，司庫星的「金被使節星的「火剋傷，往往會有事倍功半、辛苦耕耘卻得不到對等報酬的心酸。

司庫星重財，所以不宜再加上人見人愛的庫銀星，這麼一來不只愛錢而且還吝嗇，變得眼中只有錢而六親不認，太過極端了。但如果司庫星和庫銀星不是同入總部，而是三方四正會到而已，代表取財有方，不至於見錢眼開。

司庫星也不喜加馬前卒星、後衛兵星，這會使一個人為賺錢而不擇手段，心性變得巧詐奸猾，而且不自量力、衝動過頭。司庫星加上同樣屬火的火神星、旱神星也不佳，會突顯出更大的殺傷力，像是費盡辛苦付出但遭到層層剝削，為錢勞苦。

長相特徵

與一般人的體型相比，司庫星人的肩膀較寬，男命外型有點像運動員，看起來較魁武；女命也是骨骼較粗大，身材曲線不明顯。

不論男女，臉略呈方圓型，顴骨突出，額頭寬，眉毛較粗且有稜角，毛髮粗硬，嘴形相對較大，五官不屬於精緻美型，而是走剛毅嚴肅的有形路線。女命外型較中性，有爽朗的氣質，有些甚至帶有威嚴，聲音洪亮嗓門頗大。

主星・司庫星

人格特質

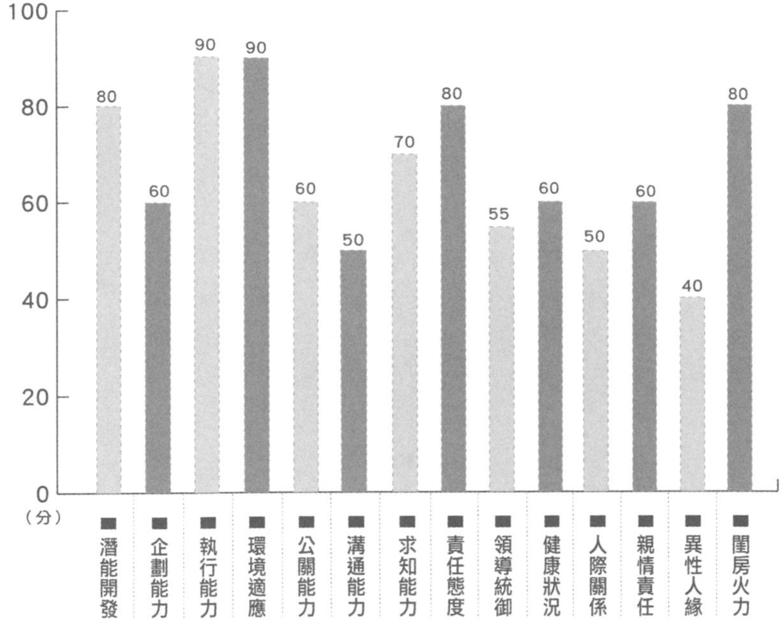
100
80
60
40
20
0
(分)
80
60
90
90
60
50
70
80
55
60
50
60
40
80
潛能開發
企劃能力
執行能力
環境適應
公關能力
溝通能力
求知能力
責任態度
領導統御
健康狀況
人際關係
親情責任
異性人緣
閨房火力

性向分析

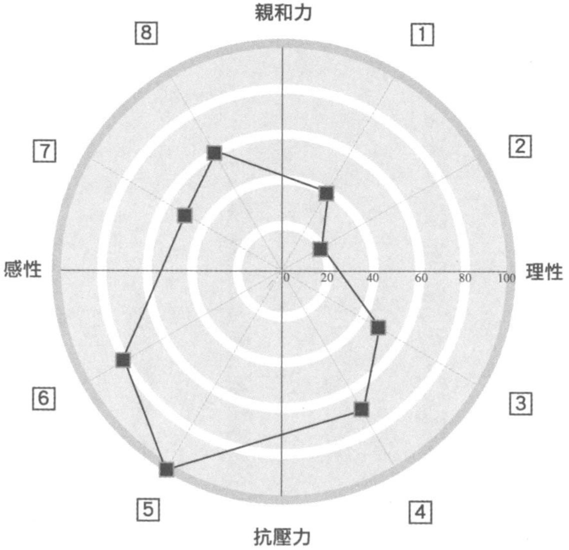

1 親和程度——40分
2 感性反應——20分
3 理性直覺——50分
4 叛 逆 性——70分
5 抗壓能力——100分
6 學習能力——80分
7 情緒控管——50分
8 表達能力——60分

男性

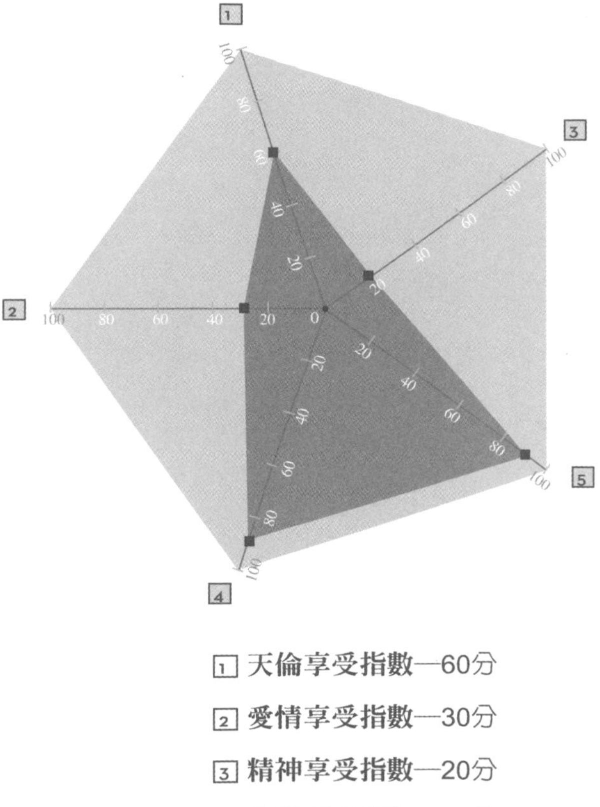

1 天倫享受指數—60分

2 愛情享受指數—30分

3 精神享受指數—20分

4 物質享受指數—90分

5 成就享受指數—90分

女性

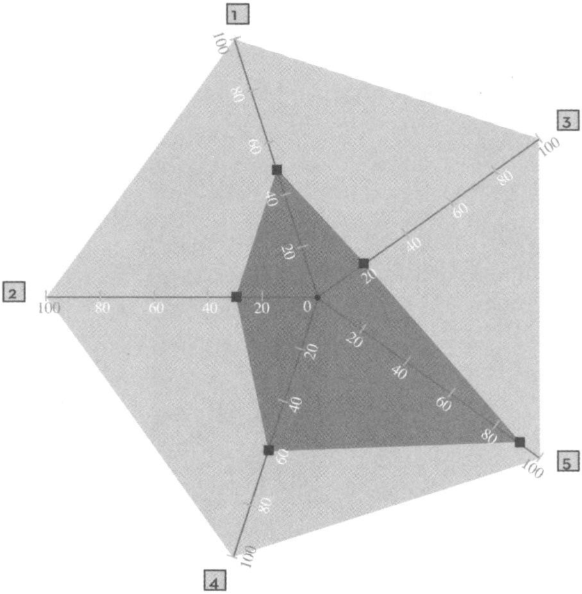

1 天倫享受指數—50分

2 愛情享受指數—30分

3 精神享受指數—20分

4 物質享受指數—60分

5 成就享受指數—90分

心態屬性

司庫星男性性格直爽，霸氣重，面惡心善，權力欲望強，野心大、企圖心旺盛，很有鬥志，猶如戰將一般，熱心，做事明快決不拖泥帶水。

司庫星女性精明能幹，抗壓性強，一生多勞碌，略帶孤獨。外型粗枝大葉，缺乏情趣，感情生活單純。因司庫星又名寡宿星，女性多半爲女強人，個性強悍，專心賺錢而忽略精神生活，因此司庫星適合男命而不宜女命。

司庫星性格優點

個性剛毅、講信用、豪爽重義氣、度量大，心直口快、誠實。做事乾脆俐落，喜歡戶外運動，熱情好客，勤快耐勞有衝勁，是商場上的生意高手。

司庫星性格弱點

個性急躁，容易衝動欠冷靜，爲了賺錢一生勞心勞力。做事有魄力但欠缺周全的規劃力，容易緊張、容易動怒，容易神經過敏，老年時易患神經衰弱。

行運逢之

行運逢司庫星，由於司庫星對錢有極強的敏銳度，加上務實重物質的特性，因此總會影響當事人爲財奔走，努力工作來充實荷包。若逢好的四象星落入，可讓人有冷靜的頭腦，賺錢方式與投資手法也比別人更擅於掌握時機，旺盛的行動力和企圖心可與之配合，自然有比較好的收穫。

但若是運走財星而四象星落點不佳，多半是拚命爲錢奔走但事倍功半，或是賺了錢卻留不住，賺多少漏多少，甚至受環境所迫，忙賺錢而無法照顧家庭或自己的身體健康，運走完了身體也垮了，實在得不償失。

運走司庫星，雖然是賺錢運增加的大好時機，但也不要忽略經營家人、朋友之間的關係，工作、親情、健康都整合好的人才是眞正的贏家。

貴妃

Imperial concubine

皇帝の側室

原爲：天同星

所屬團隊

太微垣系統。

星座特性

貴妃星五行屬+水，號稱「福星」，是一顆益壽保生的星座，同時也是懶散之星。

貴妃星性格平和，一派悠閒自在，只要貴妃星不逢煞星和阻礙星干擾，生活態度輕鬆悠閒，喜歡舒適自在，待人處事以和爲貴，安於現況，更喜歡到處遊山爲水，有坐享其成的好運，因此貴妃星若是入總部或欲望區塊最好，稱得上是好命人。

由於貴妃星與世無爭的性格，相對的在處事、工作等各方面，都帶有點悠哉不積極的特質，較欠缺開創的精神和魄力，更甚者，好逸惡勞，只想不勞而獲的也多有人在。貴妃星和司庫星可說是兩種截然不同的類型，一個爲賺錢再辛苦都不嫌累，一個與世無爭，寧做閒雲野鶴，也不願意爲五斗米折腰。

東方星理學的星盤組合並非隨機偶然，而是有一定的理論基礎，如同貴妃星是一個最柔性的星座，其左右兩個區塊一定是強勢星座，因此只要是貴妃星入總部的人，基因區塊必爲司庫星系列的組合，想想貴妃星從小受到仔細呵護，在優渥安全的保護傘下長大，只要不逢煞星和阻礙星，貴妃星可說從小無憂無慮、天眞活潑不知人間疾苦。

聽起來貴妃星幾乎是最好的一顆星了，茶來伸手飯來張口，凡事有人張羅，說是富二代也不爲過。不過也並非每一個貴妃星都有這樣的待遇，只要貴妃星加上一顆煞星或阻礙星，命運整個翻轉，想悠哉也悠哉不了，不得不爲生計奔波。所以與其貴妃星入總部，不如入欲望區塊來得更好，因爲欲望區塊屬於內在、心靈享受的位置，貴妃星入這個區塊，代表一種悠閒的態度、懂得自我調適；而貴妃星入總部容易因爲遇到其他星座而大受影響，導致命格變數太大，感情困擾也伴隨左右。

每個星座都有正反兩面，優缺點都有，好壞與否見仁見智。如同貴妃星，優點是有才華、有文藝氣質，不喜爭執，重感情、不善拒絕。另一面則是生性較懶散，沒有衝勁，喜歡安於現況，個性優柔寡斷。而且貴妃星最怕遇到煞星和阻礙星，三方四正的組合一被破壞，等於福份受損，慵懶的天性無法發揮，也沒有這麼好的環境和條件可供享受了，必須為生活而奔波勞碌。此時的貴妃星最好有個比較強勢、積極的分部來搭配，或者總部的組合中有別的星座可積極帶動，讓貴妃星可以增加不畏辛苦的毅力，否則人生過程會覺得很辛苦。

貴妃星不論男女，情竇初開時感情困擾也隨之而來了。貴妃星對感情總有夢幻般想像和期待，容易心動、又帶有孩子氣，加上優柔寡斷的個性，不擅於處理感情問題，不管是主動劈腿或是被劈腿，貴妃星多多少少都有感情上的困擾。

貴妃星入總部，男女都有一些共通的特質，當然也有細微的不同。相同的是個性都欠缺積極衝勁，說好聽是生性淡泊與世無爭，其實也等於意志力較薄弱，不會主動爭取。愛幻想、想像力豐富且很有創造力，但這一點用在人際交友上，常常誤把同情當愛情，搞不清不同感情的分別和界線，因此感情的糾結和困擾也就產生了。

此外，貴妃星愛吃零食，尤其愛甜食，再加上五行屬水，於病主腎臟及泌尿系統方面的問題，所以中年後應減醣，甜食不可過量，以免患糖尿病。

星座組合

貴妃星是福星，若逢四大煞星（馬前卒、後衛兵、火神星、旱神星）或滂神星、偽裝星沖破，屬於福份受損，福星也就無法享福，必須辛苦勞作才行了。

貴妃星會正學士、副學士星，必有藝術方面的造詣，但對貴妃星女性來說也會加重感情的複雜度，桃花太過，困擾太多。

長相特徵

貴妃星不逢煞星和阻礙星的話，外型通常白白嫩嫩、福態福態的，唇紅齒白，笑起來天眞可愛，親和力滿分，讓人覺得毫無殺傷力。貴妃星若加上資源星或是位於旺地，男女皆屬豐滿型，若是逢煞星或位於陷地則較瘦，並且要小心意外所造成的後遺症。

人格特質

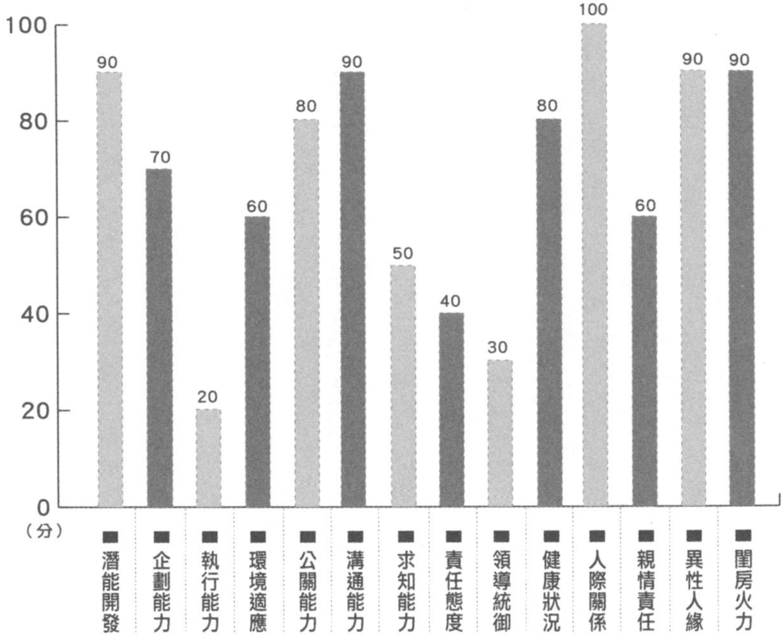
100
80
60
40
20
0
(分)
90
70
20
60
80
90
50
40
30
80
100
60
90
90
潛能開發
企劃能力
執行能力
環境適應
公關能力
溝通能力
求知能力
責任態度
領導統御
健康狀況
人際關係
親情責任
異性人緣
閨房火力

性向分析

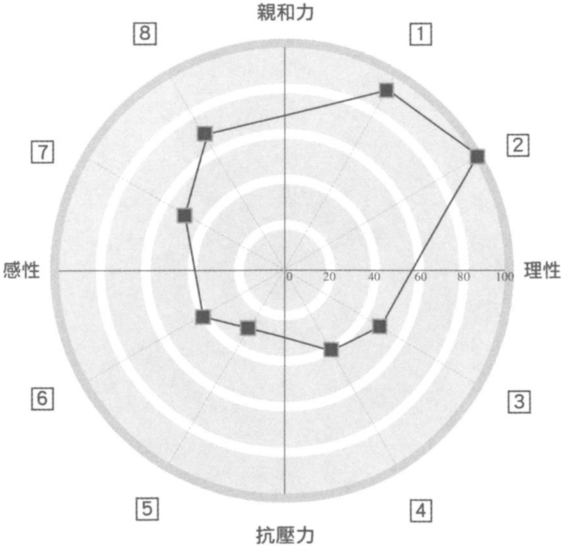

1 親和程度——90分
2 感性反應——100分
3 理性直覺——50分
4 叛 逆 性——40分
5 抗壓能力——30分
6 學習能力——40分
7 情緒控管——50分
8 表達能力——70分

男性

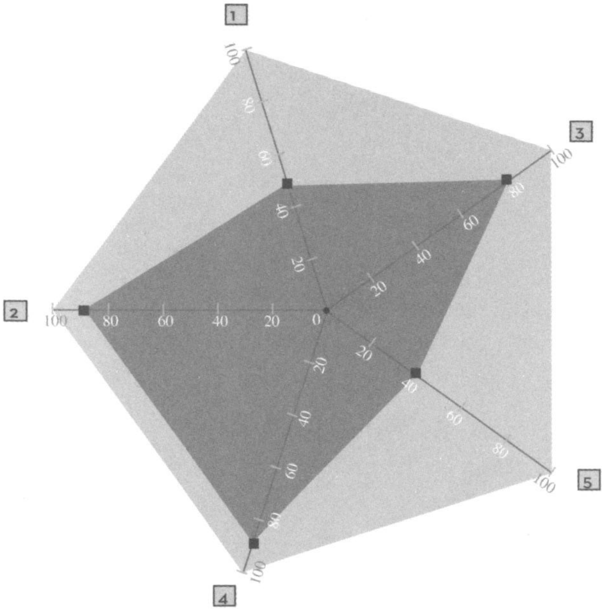

1 天倫享受指數—50分

2 愛情享受指數—90分

3 精神享受指數—80分

4 物質享受指數—90分

5 成就享受指數—40分

女性

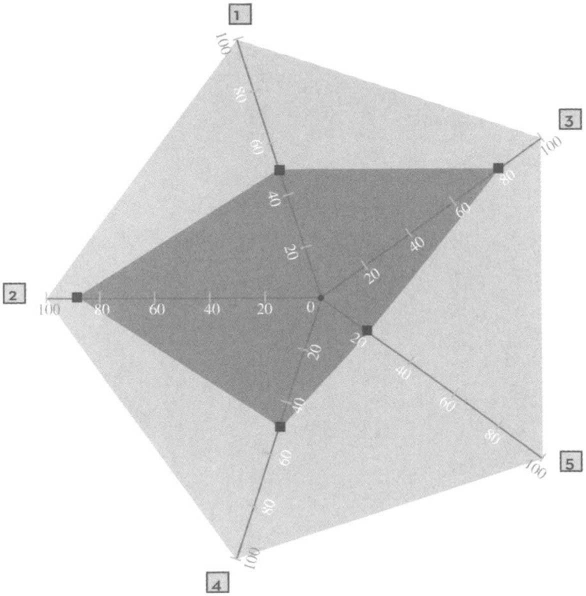

1 天倫享受指數—50分

2 愛情享受指數—90分

3 精神享受指數—80分

4 物質享受指數—50分

5 成就享受指數—20分

心態屬性

貴妃星男性多半帶有書卷氣，外表斯文，身材再怎麼高壯，仍帶有一點陰柔花美男的氣質，絕不是走肌肉健美男路線。

個性溫和友善，處事沉穩、考慮周到，與人交往態度謙虛、誠懇，一副好好先生的模樣。心腸軟，見弱勢多半會伸出援手；喜歡交朋友，重感情，但容易為感情所困；中年後頭髮漸少。

貴妃星女性的皮膚通常不錯，粉嫩嫩的，標準的唇紅齒白，嘴甜討人喜歡，眼睛不一定大但總是水汪汪的顯得很無辜；身材無論胖瘦都有點雙下巴，看起來很有福氣，長輩們尤其喜歡。

個性聰明伶俐，溫和善良，很會看人臉色，相當善解人意。異性緣很好，對愛情幻想很多，容易被浪漫攻勢迷惑；感情豐富、體貼、配合度高，具有母性愛，有時分不清同情、友情、還是愛情。

貴妃星女性多半膚白身材好，屬於豐潤型的，極有女人味，生產後臀部變大不易恢復。

貴妃星性格優點

貴妃星聰明，喜歡文學，文筆好，有藝術天份，屬於才藝型。心腸軟，喜歡助人（尤其是貴妃星男性），喜歡享受、喜歡美食、喜歡吃喝玩樂；不重名利，個性不記仇，酒量特別好。

貴妃星性格弱點

性情懶散、行動力不強，得過且過，不果斷、沒有主見，依賴心重，情緒容易受到環境影響。愛面子，交友廣闊但不善擇友而交。異性緣好，可是三心兩意、優柔寡斷，容易把握不住自己，或是提不起放不下，容易有感情困擾。

行運逢之

貴妃星五行屬水，屬水的星座都帶有桃花的味道，星性也比較柔弱，比較沒有衝刺的幹勁。而貴妃星本質是一個守成、不能開創的星座，因此不管是貴妃星入總部、或是運走貴妃星，都欠缺積極行動力，心態上常覺得辛苦才換來一點點成效，不如不做來得清閒。

貴妃星是福星，落在欲望區塊比落在總部來得更好，因爲欲望區塊主一生的精神享受，也是來財之源，福星落欲望區塊代表福厚、來財輕鬆，當然好命多了。加上貴妃星生性安逸，入總部時欠缺獨立及開創的精神，不利事業，最多守成而已，入行政區塊同論。因此貴妃星在事業上較不適合當拓展業務的先鋒，但對於門市生意反而適合，因爲門市以及服務客戶需要耐心，較適合這顆守成之星。

貴妃星的座右銘是人生不求大富貴，只求平安順遂，因此人生曲線起伏很小，欲望不高要得不多，有吃有喝有得玩而且有人愛，人生就圓滿了！工作不要太累，也不必太汲汲營營，人生短短，生活快樂最重要！

因此運走貴妃星，只要不是逢澇神星或眾凶星會集、以及欲望區塊太凶，總體而言都主平順無礙，運勢平穩、安於現況，屬於休養生息沉潛的狀態，意外狀況發生的機會也不大。

此外，貴妃星與皇帝星相反之處，在於貴妃星不宜壯年逢之，因爲壯年時不能積極開創，徒然失去大好機會，未免可惜。貴妃星若是能在幼年或老年時期逢之最好，因可得到長上庇蔭及安享照顧，適得其所。

使節

Ambassador

大使

原爲：廉貞星

所屬團隊

紫微垣系統。

星座特性

使節星屬「火」，掌品秩與權令，亦即代表官符，是一顆囚星，也是一顆五鬼星和次桃花星。

在東方星理學中，若以皇帝星爲帝星，軍師星爲幕僚，司庫星管財政，那麼訂定各項法令、規範、秩序以及執行的重要人物，就是使節星。因此，使節星具有原則性、權威性和領導性，有很強的溝通和管理才能，並且集嚴謹、剛毅、敏銳、理智、以及重感情於一身。

使節星是制定規範的人，當遇到犯規犯法的人時，它有權揪出不守法的人，因此是官符的代表；但它同時也是一顆囚星，因為使節星只要遇到煞星、阻礙星、或是組合不良時，一念之差也可能變成知法犯法，或是遊走法律邊緣的人。如果使節星的三方四正的團隊是一個好的組合，那麼它可以發揮正面能量；若是遇到造成不良組合的星座時，以使節星靈活善變的特質，很容易往負面發展，甚至給社會帶來困擾。

使節星的特性相當複雜，因為星性多變，可正可邪，就如同公家機關或大型企業裡的管理階層，心存正念時是維持秩序者，但因為掌有資源並瞭解法令漏洞，一念之差就可能知法犯法，甚至變成更危險的犯罪者，所以囚人或是被囚，端看星座組合往哪個方向而定了。

使節星善於溝通，懂得察言觀色、靈機應變，因此在人際往來時很能掌握細節和分寸，對於人脈經營相當有一套，再加上使節星天賦的敏銳度和第六感，給人一種相當精明又好相處的形象。使節星聰明靈活、亦正亦邪的特質，與軍師星略為相似，但又比軍師星更精明、懂得應變，處事上更公私分明之外，也比軍師星願意與人溝通、臨場反應力更快，善於透過小細節判斷如何應變，不會像軍師星一般有著莫名執著、比較不懂得轉圜。

使節星的肢體語言也相當豐富，說話動作很多，溝通談判時可以因對象、環境、狀況不同隨時切換模式，並且迅速抓到重點。使節星另一特別之處，在於第六感相當敏銳，看人、用人、與人往來時都有獨特的直覺，經常一眼就可決定此人是否適任、或此人是否適合值得結交，第六感雷達異常靈敏，因此又稱為「五鬼星」。

使節星屬火，但含有水的成分，等於在理性中又包含了感性的基因，所以使節星長袖善舞，能制定規章但也重感情。不過水火相衝突，理性與感性也有難以相容的時候，造成了使節星自我的衝突和交戰，也因此，使節星懂得用多方角度思考，也形成了敏銳的觀察力和思考的彈性。

屬火的星座脾氣都十分直接火爆，使節星也一樣，不過它的暴躁是潛伏的，平時相當斯文、理性講道理，若一旦被惹火了，肯定百倍狠辣的反擊回去，絕對讓人印象深刻。

在東方星理學中，近侍星是桃花星，使節星號稱次桃花星，但使節星容易花心劈腿或三心兩意嗎？其實並非如此！如果沒有不良組合的話，使節星是相當忠貞的，只是它太八面玲瓏、交友廣闊，又善於留意小細節、照顧所有人的需求，所以難免給人桃花很多的印象，其實使節星的桃花特性，絕大部分是發揮在人際關係、公關領域中，且使節星多半很專情，除非對方放棄，否則不太會主動轉移目標。但只要對方有異心，使節星的第六感也能很快察覺，怒氣會使理性和感性完全失控，和貴妃星感情受挫時的要死要活不同，使節星直接來個玉石俱焚同歸於盡，誰都不要想好過！

由於使節星火水並存的特質，理性與感性兼具，它多情也專情，它懂得賺錢也懂得給另一半更好的生活條件；它可以對自己很節省，對另一半很大方，自己有的，另一半一定會有而且更好，因此使節星也以節儉著稱，亦是「積富之人」，也就是財富是慢慢累積而來，不用妄想一夕致富的可能。

星座組合

使節星入總部，絕不能再加上庫銀星同區塊，因爲使節星已經很節省了，再加上帶有吝嗇味道的庫銀星，更是只進不出、一毛不拔。

若是遇到資源星、阻礙星，使節星的感情困擾問題會更突顯加重，一個是四處留情的多情種，一個是爲情所困的痴情人，兩者大不相同。資源星主增加，使節星遇到資源星會把桃花的一面完全展現出來，桃花多得連自己都很困擾；而阻礙星主收斂，使節星遇到阻礙星等於把所有桃花都屏蔽了，眼中只有心儀對象一人，就算對方已婚、沒有結果、或是想愛愛不到，明知沒有結果依舊死心踏地不願放手。

使節星喜歡「會合」左、右護法，但卻不宜同區塊，因爲左右兩顆星會加重「囚性」，容易加重犯官符的可能性；若只是會合，代表使節星權力更大、資源更多。使節星遇到正學士、副學士星，代表對音樂有興趣；遇到科舉星、貴人星，個性會顯得更憨厚善良。

而使節星本性已屬火，不適合再加上屬火的火神星和旱神星，脾氣會更暴躁衝動，常帶有負面情緒，情緒起伏更大甚至偏激，罹患憂鬱症或躁鬱症的機率較高。若加上馬前卒星或後衛兵星，是非和官訟難免，需小心提防。

長相特徵

臉型圓中帶方，顴骨高，特色在眼神和眉毛。眼神銳利眉毛有菱有角，顯得輪廓分明五官立體，看起來頗有架式，甚至有一股不好惹的威嚴感；若是配合較柔性的星座，看起來會柔和一些，但仍然保有那股不好欺負的氣質。

人格特質

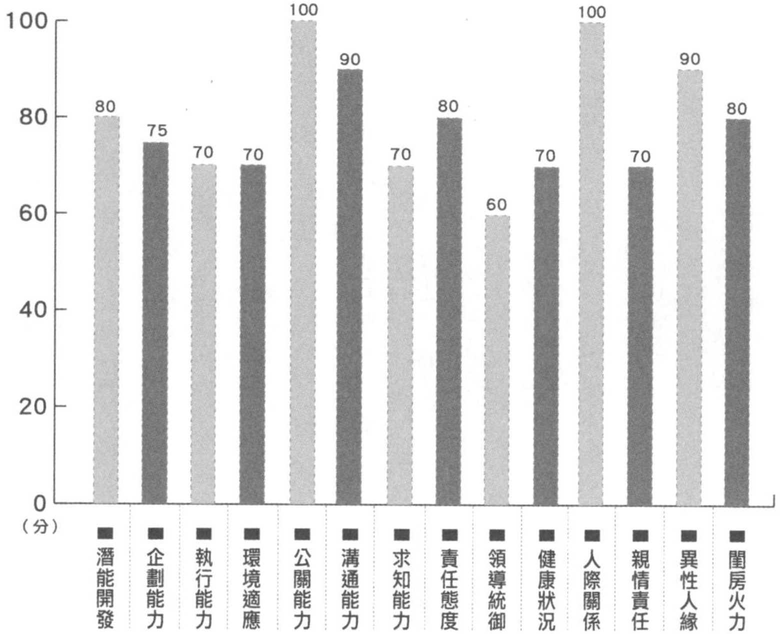
100
80
60
40
20
0
（分）
80
75
70
70
100
90
70
80
60
70
100
70
90
80
潛能開發
企劃能力
執行能力
環境適應
公關能力
溝通能力
求知能力
責任態度
領導統御
健康狀況
人際關係
親情責任
異性人緣
閨房火力

性向分析

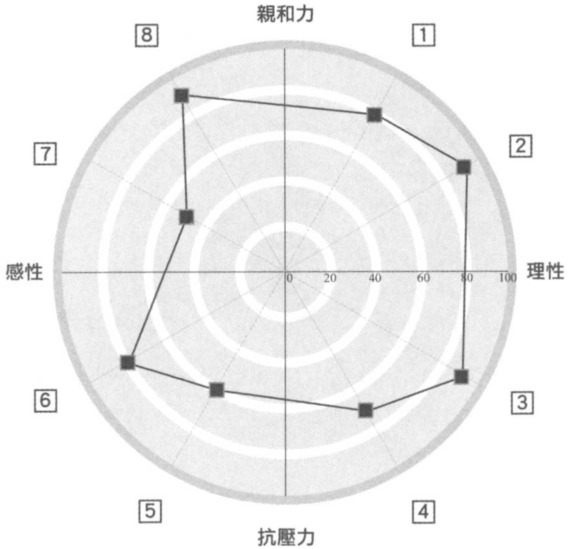

1 親和程度——80分
2 感性反應——90分
3 理性直覺——90分
4 叛 逆 性——70分
5 抗壓能力——60分
6 學習能力——80分
7 情緒控管——50分
8 表達能力——90分

男性

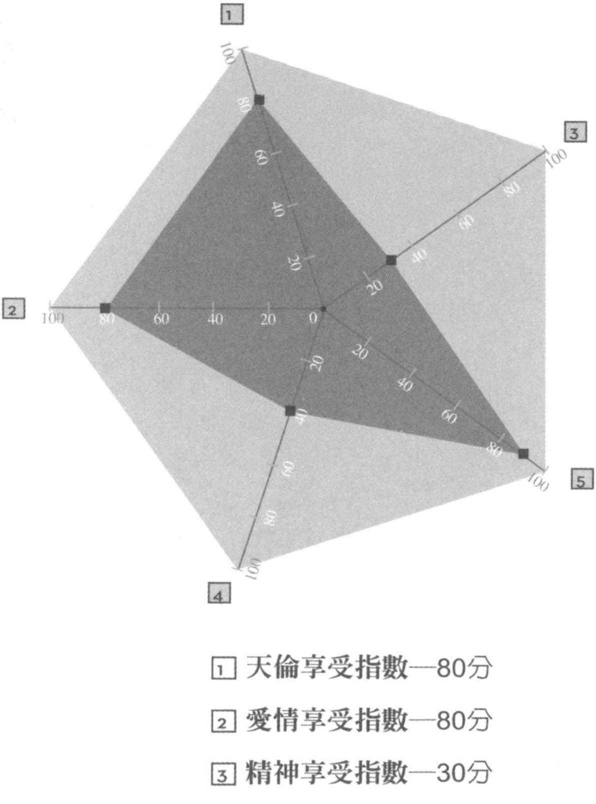

1 天倫享受指數—80分

2 愛情享受指數—80分

3 精神享受指數—30分

4 物質享受指數—40分

5 成就享受指數—90分

女性

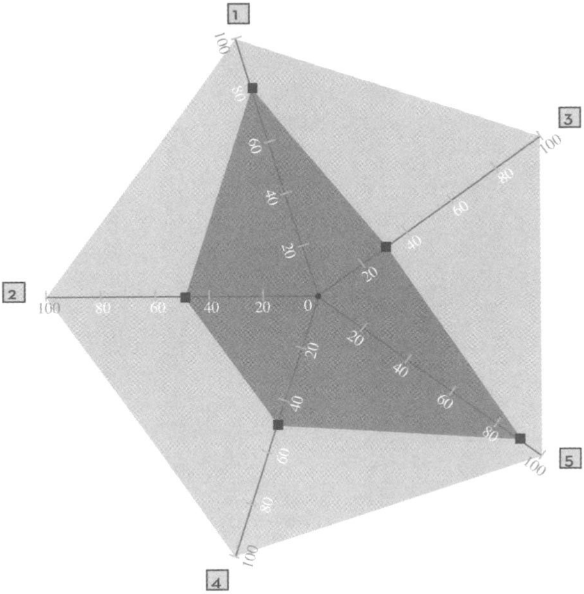

1 天倫享受指數—80分

2 愛情享受指數—50分

3 精神享受指數—30分

4 物質享受指數—50分

5 成就享受指數—90分

心態屬性

使節星的基本個性精明能幹，且不拘小節，是不愛受拘束的自由派，不論男女皆是如此，特別男性更是崇尚自由，不喜歡朝九晚五或每天必須釘在辦公室內的工作，他喜歡按照自己的步調來工作，所以偏業務性質或責任制的工作比較適合使節星。

使節星女性同樣具備聰明靈敏、脾氣火爆的特質，坦率直爽、異性緣好，佔有欲強、醋罈子特別大，卻只許州官放火，愛恨分明且敢愛敢恨，愛面子，對自我要求很高。

使節星性格優點

口才好、反應快、精明又細心、不拘小節，喜歡與眾不同、有創造力，有數字觀念、記憶力好，具有領導力，說話時肢體語言豐富，有衝勁、有謀略，設定目標後不需鞭策就會努力前進。對人際的分寸掌握和行事的輕重緩急相當有一套，敢做敢當，很有行動力。

使節星性格弱點

愛面子，對自己節省，對朋友卻會打腫臉充胖子，脾氣暴躁，逢煞星則更陰險、性狠狂妄、猜疑心重，翻臉和翻書一樣。喜新厭舊，喜歡酒色賭，感情受挫時容易走極端，心胸狹窄無度量。

行運逢之

使節星腦袋古靈精怪，創意想法很多，思想很前衛但行為很保守，它對各種新想法、新模式的接受度很高，但生活或行為模式上卻保留傳統的一面，屬於新舊交融的結合。對事有獨到見解，做事能掌握重點單刀直入，加上人緣好、樂觀幽默、公關手腕一流且善於隨機應變，所以最適合從事公關外交事務、或是擔任開發新市場的業務。

行運走到使節星，不管加入哪些星座組合，都一樣會受到使節星的影響，腦筋轉得更快、創意更多、玩樂和交際應酬的機會也大為增加，社交圈擴大，桃花也多了起來，賺錢方式也更圓滑多樣。

特別要注意的是，使節星亦象徵官符，無論這個行運從事的是哪種行業、做任何決定、談每一段感情，都要小心避免涉及不法情事，更不要冒險投機遊走法律邊緣，因為此時特別容易因一念之差而觸法，小則個人信用問題或罰單，大則有官非訴訟之慮。

運走使節星，可大膽嘗試靈活的創意，或往科技業、公關行銷、傳媒、人力資源、客戶服務、娛樂、或管理方面發展，會有不錯的收穫。

宰相

Prime Minister

首相

原爲：天府星

所屬團隊

太微垣系統。

星座特性

宰相星屬$^{+}$土，是一顆延壽、解厄、掌權之星，因此又名「號令星」。同時也是財帛主，象徵財庫，也是皇帝星的輔佐星；宰相星是唯一不怕煞星的星座，可制馬前卒、後衛兵星為從，化火神、旱神星

為福，只有逢滂神星則主孤單。

宰相星星性厚重篤實、不怕侵擾，抵擋災禍的能耐比其他星座更強，在體質、性格、處事、決斷力方面也較穩重，且宰相星具有尊貴性，因此帶有延壽和解厄的作用。

宰相星具備掌權、號令的特質，個性想得深、看得遠，擅長演說以及管理才能，加上天生有一股霸氣，所以比一般同齡人更有掌權與號令的機運。在職場上，宰相星入總部的人行事風格一板一眼、遵守原則，常常用命令式的語氣說話，很有管理者的氣勢，凡事講規矩，若有人不服氣，一定會與對方辯到底，非得講到贏不可。

宰相星爲財帛之主，三個與財有關的星座是司庫星，主現金，標準財政區塊的主星；皇后星，是偏向不動產的房產區塊主星；宰相星則屬於財庫，特別擅長累積財富。不過這三顆星沒有誰優誰劣的區別，每一顆星都很重要，因爲有財也要有庫才留得住，缺一都不行。

宰相星雖然是財庫的代表，但並不是總部或財政區塊、房產區塊有宰相星就一定是有錢人，它同樣需要助手、有好的星座輔助才能展現眞正的正面能量。宰相星最需要的是資源，因此最喜歡加上資源星和庫銀星，就像銀行裡必須有眞金白銀現鈔才有用，若只是外匯存底很多，那也只是帳面上好看，實際上只是空庫，沒有實際分量。而要區分是實庫還是空庫的方法，得看宰相星所落位置的三方四正有沒有會到資源星和庫銀星，其實是會到庫銀星又比資源星更好，只要三方會到，就是實實在在有錢的庫。

不過，如果宰相星會到澇神星或僞裝星，那這個宰相星形同庫破，財庫空了！除了變成虛有其表的空庫之外，宰相星的威嚴盡失，個性也會呈現出某方面的孤僻，或是目空一切，一副高高在上的樣子，難以溝通、嘮叨，讓人不喜親近，朋友也很少。

宰相星如果沒有會到滂神星或僞裝星，也沒有加煞星的話，心態上是相當保守也很能生財的，懂得用錢滾錢，能賺會存，而且很有危機意識，在任何情況下都會爲自己留一條後路，且對財富的欲望永不滿足，多多益善，而且超會藏私房錢。

宰相星的一個明顯特徵，就是好勝心強，非常愛面子，因爲自視甚高，所以喜歡聽別人的讚美、褒揚和尊重，而且作風海派，有時打腫臉充胖子也願意，不過請客可以，跟他借錢的話可就免談了。

宰相星另外一個特質就是性急，話多、語速快、動作更快，處理事情總是十萬火急，乾淨俐落，今日事一定今日畢，絕不會拖泥帶水等到明天再辦。

此外，宰相星主財亦主胖，何時發福就代表何時發跡，財務狀況與其體重成正比。超愛美食、食量又大，中年過後需注意膽固醇過高，以及心臟血管病變。

星座組合

宰相星號稱能制馬前卒、後衛兵星爲從，化火神、旱神星爲福，其實並不是宰相星完全不怕煞星、或不會受到影響，而是宰相星遇到煞星時，性格特質會呈現反轉，原本一顆守勢的星座，心態保守不屬於開創型，但只要三方四正遇到煞星，宰相星的心態就會突破和轉變，整個思考邏輯也跟著大不相同。宰相星會擔憂自己的庫隨時會破，所以想盡辦法要把庫給補起來，所以賺再多都覺得不夠，以致原本的守勢會變成攻勢，衝刺的特性和單純的宰相星完全不同。

若是沒有加煞星的宰相星管理者，做事和賺錢方式是一步一腳印、保守穩當；但只要加煞，宰相星可以毫無保留、一鼓作氣全部身家投入，冒險性格爆發，所以加煞和不加煞的宰相星風格是截然不同的。

此外，和使節星一樣，宰相星加煞，只是外表忠厚，但內在卻變得自私奸巧，因此只要流年走到就易有官非。

宰相星最怕逢滂神星和僞裝星，原本的精明能幹、企劃力領導力被弱化，變得很囉唆、做事抓不到重點、散漫，完全失去宰相星的氣勢和威嚴，而且財庫也空了，唯一不變的只有體重。

宰相星是號令星，已經是「權」的象徵，所以不宜再與其他有掌握星的星座同區塊，否則宰相星會變得更爲蠻橫霸道，更不可理喻。

長相特徵

臉型方長，天庭飽滿，地格方圓，兩顴豐潤，多半有法令紋；眼神明亮且炯炯有神，有威嚴感，腰背較厚，中年後身材較豐滿，看起來相當穩重。

人格特質

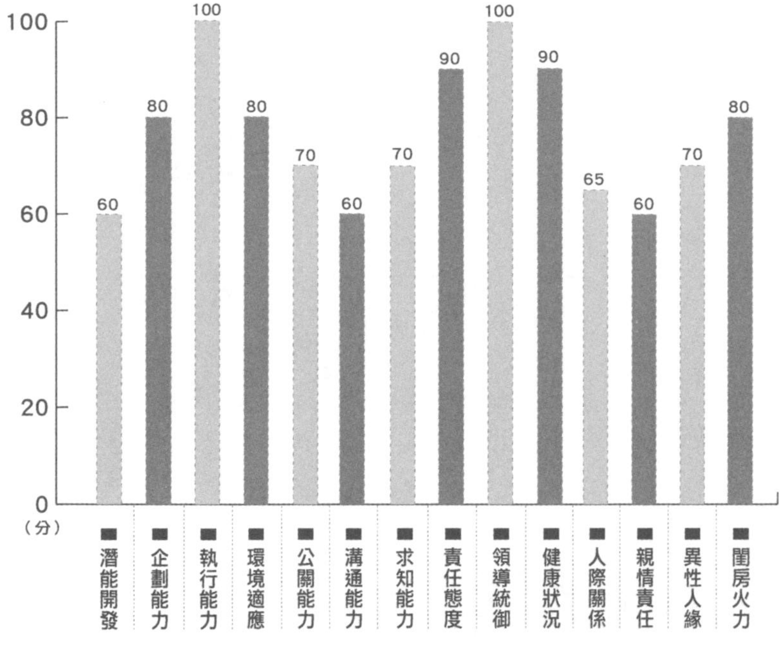
100
80
60
40
20
0
（分）
60
80
100
80
70
60
70
90
100
90
65
60
70
80
潛能開發
企劃能力
執行能力
環境適應
公關能力
溝通能力
求知能力
責任態度
領導統御
健康狀況
人際關係
親情責任
異性人緣
閨房火力

性向分析

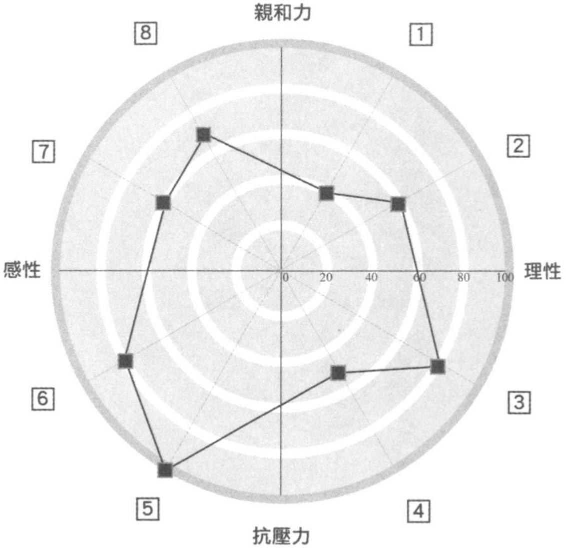

1 親和程度——40分	5 抗壓能力——100分
2 感性反應——60分	6 學習能力——80分
3 理性直覺——80分	7 情緒控管——60分
4 叛 逆 性——50分	8 表達能力——70分

男性

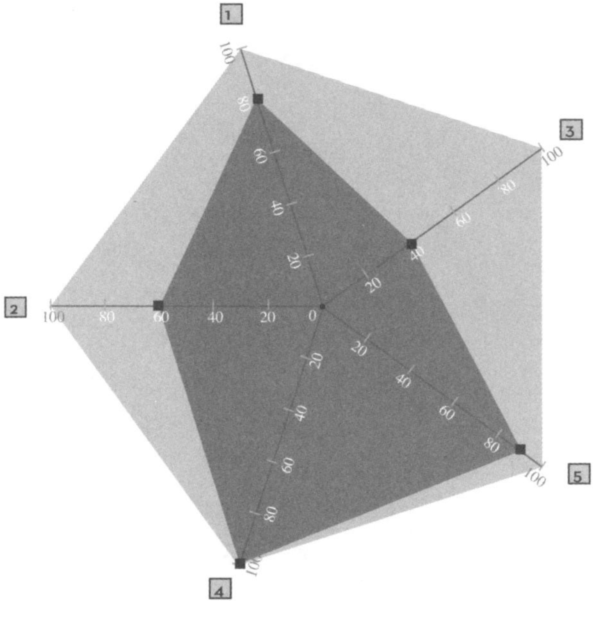

1 天倫享受指數—80分

2 愛情享受指數—60分

3 精神享受指數—40分

4 物質享受指數—100分

5 成就享受指數—90分

女性

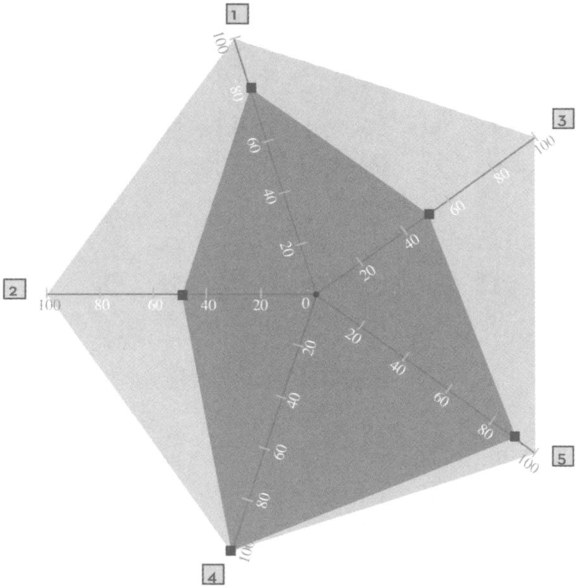

1 天倫享受指數—80分

2 愛情享受指數—50分

3 精神享受指數—50分

4 物質享受指數—100分

5 成就享受指數—90分

心態屬性

宰相星男性有領導才幹，處事沉穩，聰明機智，是很好的商業人才。有上進心，學什麼像什麼，興趣廣泛；想得多、反應快、行動力強，頗爲勢利。

宰相星女性外型清秀，中年後有一股貴婦氣質。精明能幹，喜歡掌權、氣勢凌人；對感情方面走理智和務實路線，不愛幻想也不追求浪漫情節，對於外表頗爲講究，品味不錯。不論男女宰相星都很有危機意識，喜歡藏私房錢。

宰相星性格優點

宰相星有很好的企劃力，善理財、愛管錢，對錢的態度相當保守，而且穩紮穩打，不會做沒把握的投資，也不做回收很慢的生意。做事穩重且能很快掌握重點，心地善良懂得擇友而交，對朋友的態度以財力分階級、論親疏。

宰相星特別有口福，雖沒興趣親自下廚，但說得一嘴好菜，尤其喜歡品嚐美食，是標準的老饕。

宰相星性格弱點

自負、驕傲、愛面子，喜歡當老大，做錯事死不認錯。個性市儈、主觀意識強，不輕易受人左右，更不愛聽別人意見，屬於唯我獨尊型。城府深、愛辯、易逞意氣之爭。

行運逢之

宰相星人有權威感，喜歡發號施令，行運走宰相星時也一樣，本身的氣勢和想法一定會隨之改變，變得比較圓融、穩健、踏實，若是眞想創業當老闆、想衝、想升官坐高位，那麼一顆宰相星不夠，必須看行運的三方四正的團隊組合，以及四象星的落點好不好、搭配的副星是加分還是扣分才行。

若是走宰相星加煞的運勢，個性會變得比較勢利、奸巧、不顧原則，也比較喜歡用名牌高價產品或美食來展現自己的品味。但無論如何，這個行運也是比較容易累積實力、累積財富的守成年。

皇后

Empress
皇后
原爲：太陰星

所屬團隊

屬天市垣系統。

星座特性

皇后星五行屬「水」，是田宅之主，主財，亦主快樂享受。女命皇后星代表母親、自己、女兒；男命皇后星代表母親、妻子、女兒。

王爺星和皇后星同屬天市垣系統，都是相當重視血緣親情的星座。不過兩星差異在於王爺星是發散的、放射光芒熱力的，而皇后星是內斂、吸收光芒的，兩者一放一收，因此只要看到皇后星，必定同時也要參看王爺星。若是王爺星在旺地，皇后星才能反射光亮，因此皇后星不怕會到滂神星，怕的是王爺星會到滂神星導致光芒暗淡，這時就算是皇后星位居旺地也是枉然，畢竟烏雲遮日，王爺星和皇后星都無法發揮原本百分百的力量。

皇后星和王爺星一樣都是重視親情的星座，王爺星星性大而化之，皇后星內斂細緻，因此呈現出兩種截然不同的模式。王爺星是事業主，重視事業、大眾之事，喜歡參與社會活動，星性熱情，雖然孝順顧家，但總會用「我是對你好」的態度付出，有時反而惹來埋怨；而皇后星掌管小眾之事，在意的是家庭、享受、情緒，皇后星照顧的只有「家人」和認定的「自己人」，超過這個範圍的人不在他的照顧名單之內，因此皇后星只管自家事，不會關心美國總統是誰，家人永遠排在第一位。不過皇后星與母親、妻子的緣分較淡，雖然孝順，但常有溝通不良的狀況產生；或是母親不像傳統的母親形象，兩人互動較像平輩，甚至有角色互換的情況產生。

皇后星在意家庭，擅於處理瑣事和家務事，就像母雞照顧小雞一般，且皇后星多半有某方面的潔癖，有的可能是天天必得用酒精擦桌子或擦地，有些是不願意讓「外人」進自家門，這些屬於重視私人領域的特質，只要是皇后星認定的領土，就不願讓外人入侵。

此外，皇后星在意細節的特質更容易發揮在感情態度上。皇后星一旦喜歡一個人，恨不得天天黏在一起，噓寒問暖、照顧起居無微不至，也容易因爲感情而情緒起伏，爲了小問題糾纏不休，一定要問出一個能讓他滿意的答案才行，這些特質男女皆同。而皇后星男性異性緣特別好，但在姻緣上卻多波折，困擾不少，或可能夫妻聚少離多。

皇后星外表多屬斯文秀氣，內心急躁但動作卻慢，拖拖拉拉的，不管是上學、約會、上班，遲到屬家常便飯。皇后星星性平和，喜歡享受、更懂得自我調劑，在事業上較無衝勁，認爲平穩就好，錢夠花、有時間可以和家人、情人一起吃喝旅行最重要！

皇后星主財，亦是田宅主，因此皇后星的財偏向不動產，此生必有房產，但流動現金卻不見得多。皇后星入總部的人也適合做房地產生意、或與女性切身相關的行業，以及晚間的生意。

在體質方面，王爺星和皇后星一樣，很能熬夜，腦波也都沒有時差，無論出遊或出差都不會受到時差影響。不過這兩顆星也都有眼睛方面的問題，視力不良，若是同區塊遇到四煞星或阻礙星，則情況更明顯，視差更大，但王爺星主散光，皇后星主近視。

皇后星具有母性的特質，很會照顧人（僅限自己人），在不熟的環境中一開始總是看來安靜、斯文、保守、甚至害羞，面對新環境或新面孔容易膽怯、退縮，個性較被動，除非交情夠深，否則很難進入皇后星的內心世界。但只要混熟了，皇后星聊天開關一開，他可以無所不談、什麼都能聊，尤其是任何八卦或小道消息更是隨手捻來，源源不絕，二手傳播力道相當驚人。

皇后星雖然內斂，但很喜歡運動，運動細胞發達，尤其是室外運動，所以皇后星也是走陽光路線的少年少女；就算沒有運動習慣，也可能喜歡看球賽或其他種類的運動比賽。

星座組合

皇后星不宜與四煞星同區塊，若是單純的皇后星不加上其他星座，那麼只是與母親或妻子的緣分較淡、磁場不合，但只要一加上煞星和阻礙星，負面影響更大，緣分更淡。例如皇后星加上馬前卒星、後衛兵星，主財逢破，母星、妻星同樣逢破；皇后星加上火神星、旱神星，不利婚姻。

皇后星在旺地，可充分展現母性的特質，像母雞護小雞一般保護自家人，職場上肯拚命、熬夜加班，都要讓家人有更好的生活，此時若會到正、副學士星，可增加皇后星的氣質，顯得更優雅、大方。但若是位於陷地的皇后星，則意志力薄弱，這時屬水的皇后星若再會到正、副學士星、姻緣星、才藝星，反而成爲一隻四處飛舞的花蝴蝶，構成爛桃花的要件，私生活較複雜。

長相特徵

皇后星屬水，與貴妃星一樣都屬於柔和的星座，其長相特徵主要有三個特點：臉型、眼睛和頭髮。臉型輪廓要看皇后星出生的日期，若是月初或月底出生，臉型屬橢圓型瓜子臉；若是農曆十四、十五、十六這幾天出生的皇后星，多半臉圓圓，面如滿月；初十到二十日晚上出生的人，天生娃娃臉。

皇后星入總部，眉型柔和，眼睛不大，有些更帶有細長的鳳眼；膚色女黑男白，有美人尖的比例頗高，法令紋明顯，旺地的皇后星男性較高䠷、女性較矮胖。此外，無論男女都屬毛髮旺盛，手毛、腳毛、頭髮也都很濃密（除非皇后星和貴妃星同宮，頭髮才容易掉，或有髮際線一直往後移的煩惱）。

人格特質

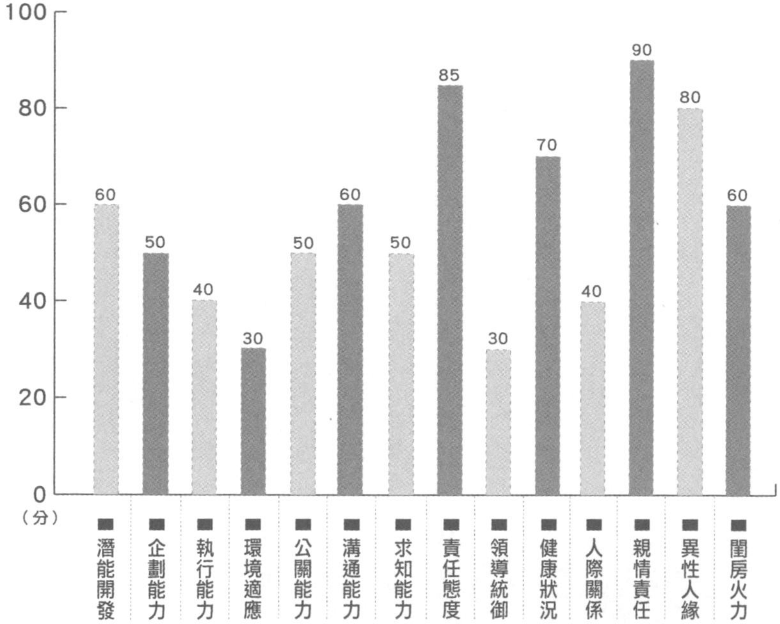
100
80
60
40
20
0
(分)
60
50
40
30
50
60
50
85
30
70
40
90
80
60
潛能開發
企劃能力
執行能力
環境適應
公關能力
溝通能力
求知能力
責任態度
領導統御
健康狀況
人際關係
親情責任
異性人緣
閨房火力

性向分析

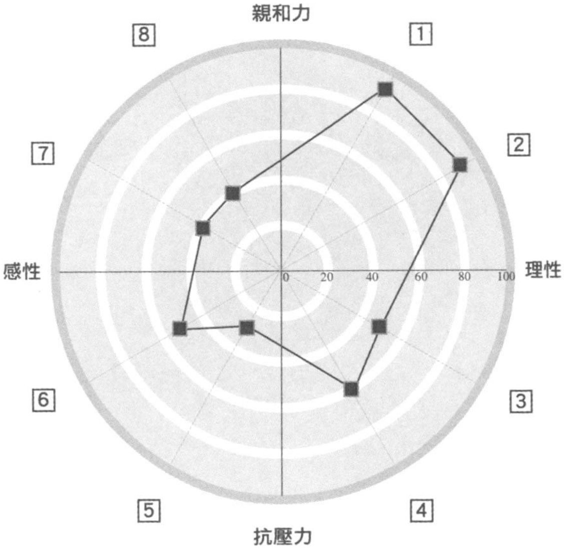

1 親和程度——90分	5 抗壓能力——30分
2 感性反應——90分	6 學習能力——50分
3 理性直覺——50分	7 情緒控管——40分
4 叛 逆 性——60分	8 表達能力——40分

男性

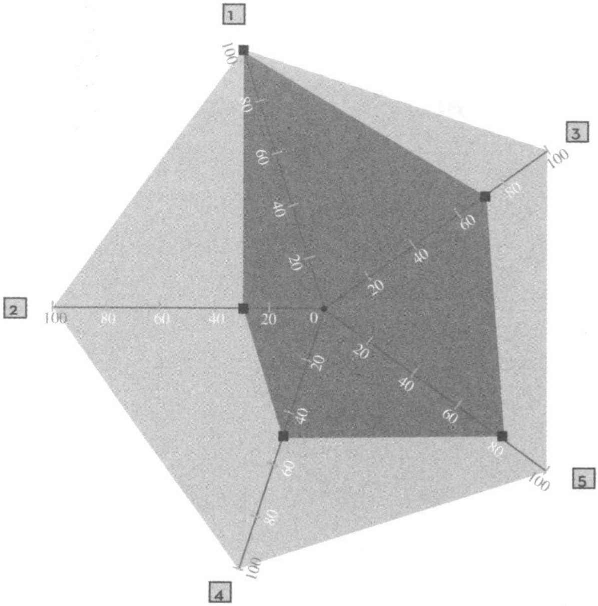

1 天倫享受指數—100分

2 愛情享受指數—30分

3 精神享受指數—70分

4 物質享受指數—50分

5 成就享受指數—80分

女性

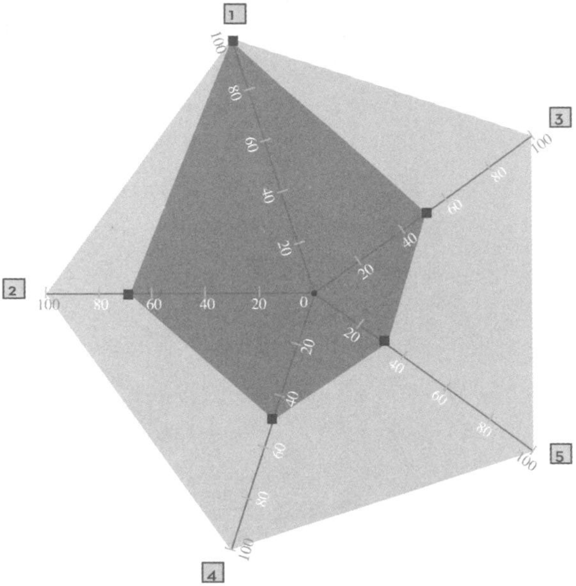

1 天倫享受指數—100分

2 愛情享受指數—70分

3 精神享受指數—50分

4 物質享受指數—50分

5 成就享受指數—30分

心態屬性

皇后星男性帶有陰柔細膩、文質彬彬的特質，外表給人一種溫文儒雅的感覺，喜歡運動，聰明文靜，屬於動靜皆宜的謙謙君子類型。待人和氣、有同情心、心腸軟、好講話、包容性強，說話輕聲細語絕不會大聲咆哮。做事小心謹慎，總是考慮考慮再考慮，遇事先顧自己、較自私，在職場上較難合群；心思細膩，善觀察小細節，有潔癖，面對女性時較靦腆害羞。

皇后星女性，溫柔體貼、細心溫和、浪漫有詩意、溫順善良，重感情、略帶有孩子氣、容易情緒化，缺乏主見，在感情上依賴心強，婚前外型柔弱需要呵護，但結婚或有小孩後，性格變得相當堅毅，母性特質強烈，照顧家人無微不至，是標準的賢內助；不過個性急容易沉不住氣，最怕激將法。

皇后星性格優點

皇后星主快樂享受，喜歡遊山玩水、安排戶外活動，懂得營造生活情趣和休閒調劑。涉略廣泛，對音樂、繪畫、書法、或是美的事物都有欣賞的眼光。愛乾淨，有潔癖，講究衣飾體面，注重形象、在乎他人眼光和評價。人緣好、心軟、富有同情心，內向保守，爲人耿直講信用；能爲家庭付出一切、念舊且重感情。

皇后星性格弱點

皇后星人個性急躁但動作卻很慢，意志力不堅、持續力不足，耐性不夠，做事常常半途而廢。無論面對工作或是感情都缺乏理智，容易情緒化、依賴性強，有時口是心非，不會直接表達心中想法。較膽小怕事，魄力不足、優柔寡斷、猶豫不決，有粉飾太平、做事拖拖拉拉不乾脆的傾象。

行運逢之

王爺星主早發，皇后星則主慢、主拖延，流年逢之，不論好壞事情都來得晚。流年逢之，主下半年，大運則主下五年。皇后星不只動作慢，連行運都慢，如果命格不錯的話，越老越有錢，但逢澇神星則例外。

皇后星若在旺地，最適合落在男命的婚姻區塊內，象徵可得賢內助；落在房產區塊也很好，主富足多田產；皇后星落在分部，表示此人做事總是考慮再三，想得多、易自尋煩惱，容易錯失機會，若外交區塊不好，注意憂鬱症狀發生。

近侍

Emperor bodyguard
皇帝のボディーガード
原爲：貪狼星

所屬團隊

紫微垣系統。

星座特性

近侍星屬+木，但根為水，是解厄星、才藝星，亦是桃花星。

近侍星是一個多才多藝的星，才藝多的人必定涉獵廣泛，凡事都有一點興趣，但不一定深入，也不一定專精，近侍星的特質之一是

「貪」，什麼都想學一點，什麼都要多一點，因此貪吃、貪杯、貪財、也會貪色。

近侍星是一顆飲食之星，有口福，喜歡吆喝朋友到處吃吃喝喝，雖然愛吃，但並不是美食主義者，不挑食，什麼都吃就是不吃虧。而且近侍星入總部或健康區塊的人，酒量不錯（僅次於貴妃星），酒膽更是一流，性格豪邁、放得開，是個好酒伴。

近侍星多半抱持享樂主義，喜歡享受、對美的感受力強，因此存錢能力較差；個性好動、喜歡變化，無法忍受一成不變，所以性格靈活、反應快，社交能力非常好，人脈廣泛，似乎各個層面都吃得開。

近侍星號稱「桃花星」，但是不是近侍星入總部的每一個人都用情不專或見異思遷，則要看有沒有其他星座配合，會不會把近侍星的貪性和桃花性質發揚出來。如果近侍星加上澇神星、或是僞裝星、庫銀星，桃花之性可被導正或壓制；若加上資源星和阻礙星，行運逢之必有實質發展。而且近侍星口才好，花言巧語，對異性體貼細心、懂得撒嬌獻殷勤，除了討人喜歡，審美眼光包容度相當大，年齡身材或背景等因素對近侍星來說都不是問題，老少咸宜。

近侍星人非常念舊，但這種念舊不包括人，而是用過的東西和物品，無論好壞都捨不得丟，因此近侍星人亦適合從事古董業、美術、書法、設計等行業。

近侍星若沒有加上吉星作伴，童年可能有偷錢、偷東西的壞習慣，這與家境好壞無關，只是爲了滿足心底的「貪性」。如果近侍星入財政區塊，對錢財更是多多益善貪得無厭，可能還有撈油水的現象產生；如果近侍星和司庫星一同入總部，人生目標是爲錢奮鬥、越多越好。

近侍星無論入哪一個區塊，那個區塊都有增加的傾象。例如，入朋友區塊，五湖四海皆兄弟，但多是酒肉朋友泛泛之交；入總部或健康區塊，肝臟功能需注意；入欲望區塊，心態自然而然喜「多」，因此多半會藏私房錢；入婚姻區塊，對象太多，婚姻需努力維持；入房產區塊，主有祖產資源。

每顆星都各有優缺點，近侍星雖博而不精，但確實多才多藝，學什麼像什麼，學習能力相當強！而且人面廣、處事圓滑、身段軟口才好，能爲了達到目的而放下好惡和成見，無形中化解不少敵人，建立了不少關係。在近侍星的字典裡，黑白兩道沒有界線，官員和大哥都可以拉關係，因此近侍星又屬「消災解厄星」，關鍵就在於它的行事作風八面玲瓏、不拘小節，必要時刻可以化敵爲友，適時化險爲夷。

星座組合

近侍星五行屬木，但根爲水，所以有兩種屬性，也是一顆善惡難定的星座。它是桃花星，也是一顆才藝星，要看近侍星所落區塊特性，以及三方四正會合的星座而定。遇吉則主富貴，遇凶則主虛浮。

相當特別的是，近侍星喜歡逢滂神星或是僞裝星，只要逢此二星，近侍星就有虔誠的宗教信仰，或者對神祕學、星象、哲學、心理學、未來科學等等都特別有興趣，而且對於身爲大桃花星的近侍星用情不專、見異思遷的特質，具有導正或壓制的作用。

另外一個可導正近侍星負面特質的星座，就是「庫銀星」。庫銀星是顆厚重之星，具有消災解厄的作用，近侍星逢庫銀星，可激發正面能量、壓制負面習性，雖然喜歡吃喝玩賭等壞習慣雖不見得完全消除，但至少可收斂、或是轉爲「地下化」。

近侍星本就主「多」，不管什麼都喜歡多多益善，因此近侍星若逢資源星，代表多上加多，過滿而溢就超過了！近侍星若逢掌握星，則是近侍星最正面的組合，因爲掌握星主集中和收斂，可將近侍星發散的特質收斂起來，變得專一、投入，相當有追根究柢的研究精神，必有某方面的專長。近侍星若逢阻礙星，主爛桃花，容易給自己帶來很多不必要的麻煩。例如戀愛週期短、替換率高，甚至是多角戀情、不小心當了小三或愛上不該愛的人，感情糾紛多。

近侍星若逢四煞星，則不一定不好。因爲近侍星五行屬木，逢皆屬金的馬前卒星和後衛兵星，金木相剋，讓近侍星的負面特質更加凸顯，桃花更多，婚姻多波折。若逢皆屬火的火神星和旱神星，木火相生，反而能商場得意，適合經商，富貴逼人，雖然同樣加重桃花之性，但可轉化爲「賺錢桃花」。

近侍星若與將軍星分別入總部或分部，爲人無情，且恐酒色誤身；若與前鋒星分別入總部和分部，男則吃喝嫖賭十項全能，足以敗家，女多豪放風流，縱情聲色。

近侍星逢正、副學士星，爲人虛多實少，說話做事不誠懇不踏實，一張嘴行騙天下。

長相特徵

近侍星入總部的人，一雙眼睛特別靈活有神，像是會說話。眉毛濃而黑，兩眉較接近，眉眼距離較窄，五官較立體而深，健康膚色、嘴唇較厚、毛髮旺盛。中年後頭髮漸少，並可能有少年白。

人格特質

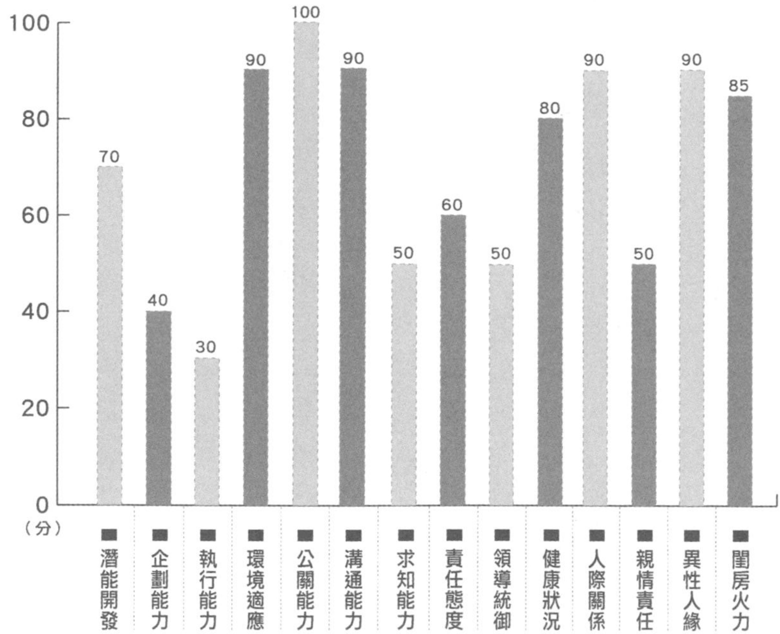
100
80
60
40
20
0
（分）
70
40
30
90
100
90
50
60
50
80
90
50
90
85
潛能開發
企劃能力
執行能力
環境適應
公關能力
溝通能力
求知能力
責任態度
領導統御
健康狀況
人際關係
親情責任
異性人緣
閨房火力

性向分析

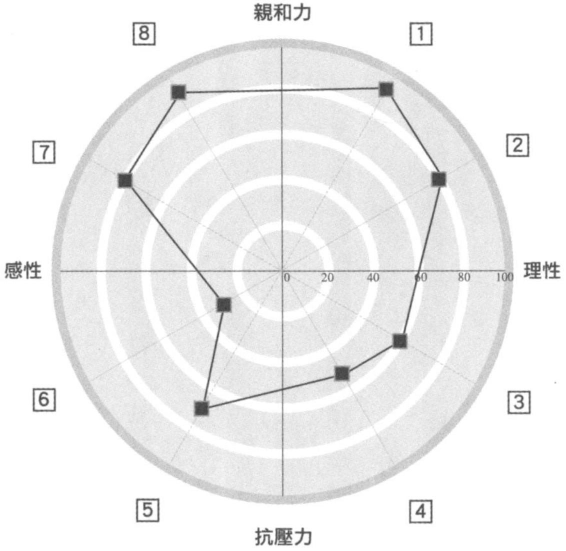

1 親和程度——90分
2 感性反應——80分
3 理性直覺——60分
4 叛 逆 性——50分
5 抗壓能力——70分
6 學習能力——30分
7 情緒控管——80分
8 表達能力——90分

男性

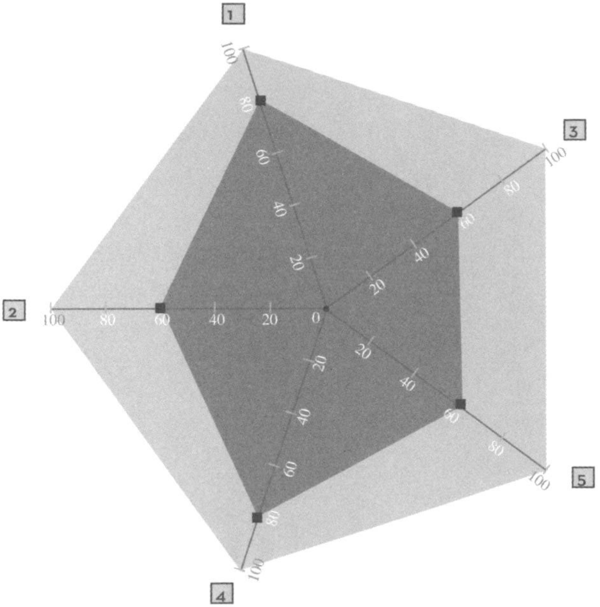

1 天倫享受指數—80分

2 愛情享受指數—60分

3 精神享受指數—60分

4 物質享受指數—80分

5 成就享受指數—60分

女性

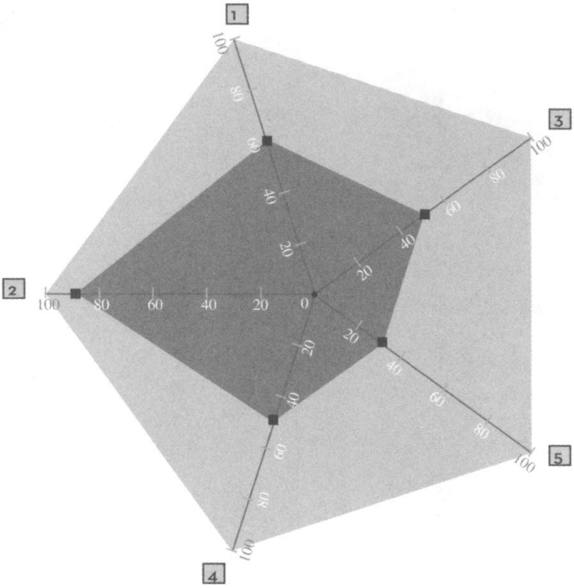

1 天倫享受指數—60分

2 愛情享受指數—90分

3 精神享受指數—50分

4 物質享受指數—100分

5 成就享受指數—30分

心態屬性

近侍星男性口才好、博學、多才多藝、愛好涉略廣泛，愛表現、喜歡出風頭，主觀意識強烈，愛恨明顯。負面特質是小心眼、度量不大，好高騖遠、不踏實，眼高手低，略帶偏激。優點則是處事圓滑、八面玲瓏長袖善舞，很會察言觀色，人脈交際一流。

近侍星女性個性急、缺乏主見，較自私、愛吃醋，個性令人捉摸不定；喜歡精品、名牌，對自己很好。處事能幹，理解力和分析力強，特別注重氣氛與情調。

近侍星性格優點

口才好，隨和、很有親和力，多才多藝，涉獵廣泛什麼都略懂一些；有幽默感、靈活、懂得隨機應變、察言觀色。個性豪放、不拘小節，愛好自由，不喜歡被約束，能隨遇而安。做事迅速俐落，不拖泥帶水，對異性特別大方。

近侍星性格弱點

貪心、愛貪小便宜，算計心重、嫉妒心強，愛吃醋。講話喜歡誇大、愛搶話，自以爲是，什麼都想學什麼都三分鐘熱度，很難堅持到底，博而不精，多是因爲貪心或是爲了可以炫耀，做事虎頭蛇尾。

多情但不專情，喜新又戀舊，對待感情不理智，容易感情用事；對神仙之術特別有興趣。

行運逢之

流年逢近侍星，主交際應酬多、與舊雨新知新舊朋友相聚的機會不少，屬社交活絡的一年，可透過人脈關係獲得更多機會，但亦有可能因應酬太多而破財，甚至惹來桃花糾紛。

行運的好壞，需看近侍星會到的是吉星多還是煞星多，好的可增強執行力，在工作職場上有一番新氣象；若逢煞星，吃喝玩樂的時候多，想得多做得少，沒有實際成果，只賺到許多寶貴的經驗。

密探

Spy
スパイ
原爲：巨門星

所屬團隊

紫微垣系統。

星座特性

密探星屬「水，主是非、暗、疑心病重，自我保護力與防備心強。

密探星給人的第一印象多半是冷漠，感覺防備心強，不好親近。

密探星主口舌，口才不太好，表達能力不佳，即使出發點是善意的，但用字遣詞不懂修飾，以致出言尖銳，難免讓人錯愕或難以接受。

密探星人心思細膩，對任何人事物天生就抱持著懷疑的態度，所以想法較消極或負面，非常謹慎、固執己見、好辯不認輸，因此很容易樹敵。再加上密探星處理問題的方式較爲主觀，聽不進他人意見、也不信任他人，所以難站在別人立場去考慮問題，在人情世故中易招人反感；加上天生多猜疑，很容易對別人預設立場或貼上標籤，態度又總是一副劃清界線的冷漠態度，人緣當然不好。有些話在別人口中說出，大家可以當做笑話一笑置之，但從密探星的金口冒出來，莫名其妙就特別刺耳毒舌，讓人不生氣都很難。

密探星在不熟悉的人或環境前，總會先觀察，站在角落不說話，自我保護色彩濃厚，在團體中最沉默、也最不喜歡引人注目。等到慢慢熟悉、摸清楚這是無害或沒有威脅的人或環境之後，密探星會一改之前的沉默寡言，開始打開話匣；而當密探星願意對一個人無所不談的時候，也表示他打從心底接受這個人，連對方說的任何事情都深信不疑。

因爲密探星人疑心病重，總是抱著冷漠、拒人於千里之外的態度，臉上總帶著一種疏離、或是莫名的自負感，給人的第一印象很不親切。不過密探星沒有惡意，也不會主動招惹別人，單純只是一種覺得「這個地球很危險，要隨時保持警覺」的心態。也因此，密探星的人有畫地自限的缺點，在人與人之間劃清界線，不管他人閒事也不讓別人來管他的事，自掃門前雪，習慣緊閉心門和家門，沒有通過密探星長久觀察的人無法進入他的內心世界。

和皇后星一樣，密探星是相當在意「領域」的一顆星，皇后星只顧自己人，但皇后星對於週遭人並沒有太多防備心或距離，給人相當有親和力；但冷面的密探星不同，密探星極重隱私，除非必要，甚至連隔壁鄰居都不用往來，自己顧好自己家就好，不喜歡別人來麻煩他，當然也不會去麻煩別人。

密探星又名「隔角煞」，隔角煞並非煞星，而是指密探星凡事多從負面思考、不夠豁達，過於防備甚至一有風吹草動就發動防禦攻擊的態度，因此易惹是非，缺乏大格局氣度。密探星不在乎獨來獨往，他自有一套篩選親疏遠近的標準，只要是他認爲值得交往的對象，便會坦誠相對、忠貞不二，對待朋友和感情都一樣。

說來說去，密探星似乎缺點多於優點，感覺起來相當不受歡迎！其實每顆星各有優缺，密探星最大的致命傷就是不圓滑、公關能力不強、不懂得人情世故，但密探星只是獨善其身罷了，他表現於外的形象也許很冷漠、城府很深、很自傲，但他這種心思細膩、眼光銳利、冷靜沉著、內斂、善觀察、能守密、精於謀略的特質，是其他星座都望塵莫及的。密探星同樣善於察言觀色，反應快，做事相當小心謹慎，不說沒把握的話、不做沒把握的事，專注力一流，在專業能力上有過人之處。

密探星另有一個需要注意的特質：福不耐久。原因是密探星十年寒窗辛苦打拚的時候，勤勞刻苦、任勞任怨，可一旦發跡或暴發，一夕之間身價大漲，那麼密探星獨善其身的特質將充分展現，瞬間變得眼高於頂不可一世，漸漸地眾叛親離，便真成了「福不耐久」了。因此密探星人一定要懂得惜福，珍惜懂你又包容你的的親人朋友。

星座組合

密探星是一顆不怎麼受歡迎的星座，落在每一個區塊都一樣，但尤其不宜落入親情相關區塊，只要密探星入總部或基因、手足、婚姻、朋友等區塊，不僅互動關係冷淡、不親密，甚至還會因觀念不合而不往來。

爲了解除密探星的暗黑、是非、負面特質，最好的方法就是與僞裝星同區塊，將密探星的負面蓋住，優點就多於缺點了。

此外，密探星最喜逢正、副學士星，可將密探星星性產生質變，把疑心病轉爲敏銳觀察力和思考能力，將負面特質轉爲正面發揮，而且唱起歌來聲音美妙得很。當然，密探星若遇到旺地的王爺星，亦可借助王爺星的熱力和光芒驅黑，並增強密探星的正面特質。

密探星不喜加左、右護法，無論優缺，左右護法都有加強的作用，因此可能更加重密探星的負面能量和疑心病，但心軟、愛動物的心態不變。

密探星最怕搭配任何煞星，只要遇到煞星，對密探星原本的暗黑、疏離、猜忌等等負面特質絕對有雪上加霜的加乘作用，而且遇到是非糾紛的機率也更高。密探星屬暗，若加上代表血光的馬前卒星，代表有血光之災；加上後衛兵星，除了需小心意外發生，更要預防惡疾上身；加上旱神星，主刑訟，流年走到不是被告就是告人，一定有人來找麻煩；若加上火神星，恐有回祿之災或燙傷，必須特別小心。

四煞星不是只有負面破壞力，亦有正面的衝勁和突破現狀的動能，但千萬別加在密探星旁邊，負負更負，威力不可小覷。

密探星加上資源星，原本的冷場王會轉變爲聲音動聽、讓人如沐春風的播音員，或是在其他領域中展現口才便給的一面；加上掌握星，話雖不多，但一開口自帶威嚴，很有分量；加上顯耀星，這是一顆可以美化的星，可讓密探星好辯和強硬的態度柔化，顯得比較誠懇、有條理，應對上比單純的密探要委婉得多。

密探星最怕加上阻礙星，不僅想法灰暗，說出來的話不僅冷，甚至常常語帶諷刺，顯得更爲刻薄，運勢也更辛苦崎嶇。此時若再加上其他副星造成組合不良的狀況，不僅原有的負面特質通通發揮，連帶著健康和運勢都不佳。

長相特徵

密探星人多半臉型較方，下顎線條明顯，有菱有角；眉眼細長、眼神靈動、目光銳利，常常流露出一種要看穿人的精明樣，不笑的時候看起來比較嚴肅或深沉。嘴型漂亮，但嘴巴不小，平時話雖不多，但罵起人來句句有殺傷力。

身材比例不錯，男性多半結實精幹，女性即使身材嬌小也不會是纖細瘦弱型，密探星走的多是性格路線，型男和高冷美女較多。特別的是，音質較特殊，除了加上火神星可能有倒嗓可能之外，其他密探星的嗓音都別具特色，有些可能還有碎念的習慣。

此外，密探星主口舌，與口腔相關的疾病，以及支氣管問題也要特別注意，流年逢之無法言吉，至少牙痛難免。

人格特質

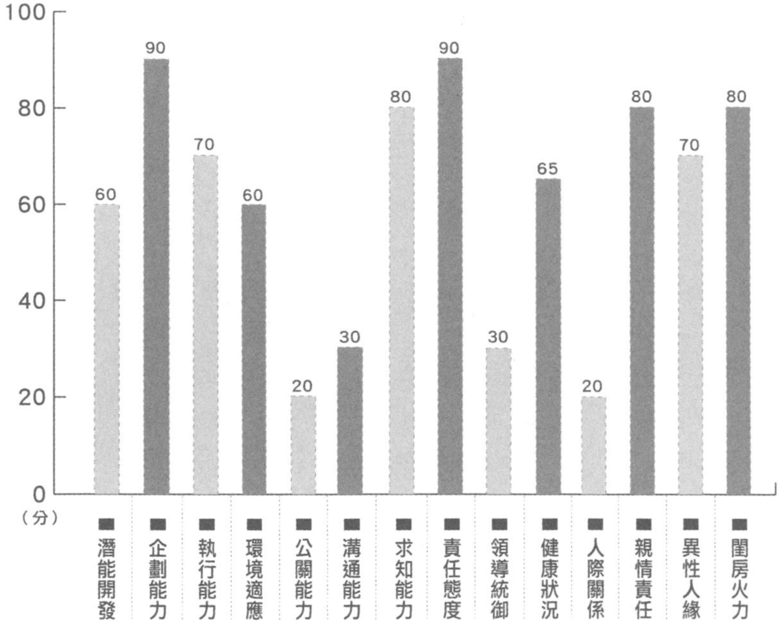
100
80
60
40
20
0
(分)
60
90
70
60
20
30
80
90
30
65
20
80
70
80
潛能開發
企劃能力
執行能力
環境適應
公關能力
溝通能力
求知能力
責任態度
領導統御
健康狀況
人際關係
親情責任
異性人緣
閨房火力

性向分析

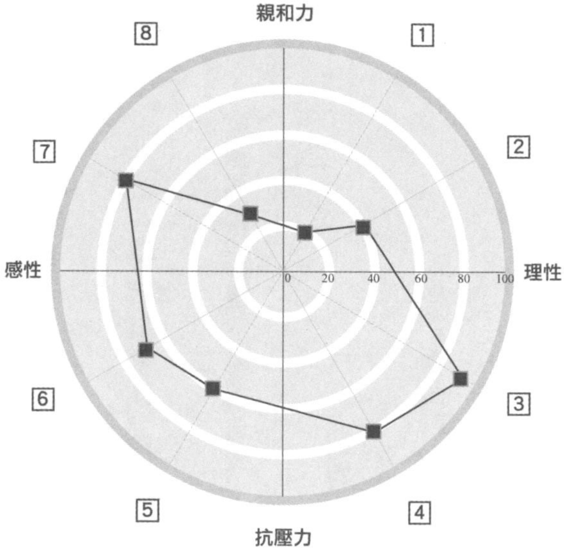

1 親和程度——20分	5 抗壓能力——60分
2 感性反應——40分	6 學習能力——70分
3 理性直覺——90分	7 情緒控管——80分
4 叛 逆 性——80分	8 表達能力——30分

男性

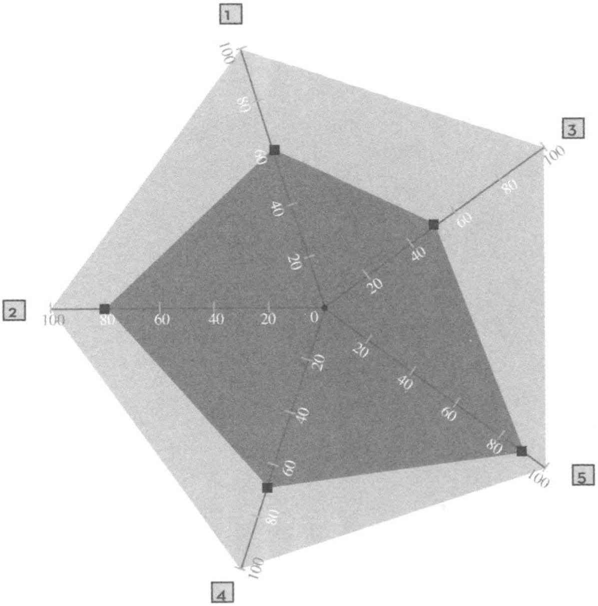

1 天倫享受指數—60分

2 愛情享受指數—80分

3 精神享受指數—50分

4 物質享受指數—70分

5 成就享受指數—90分

女性

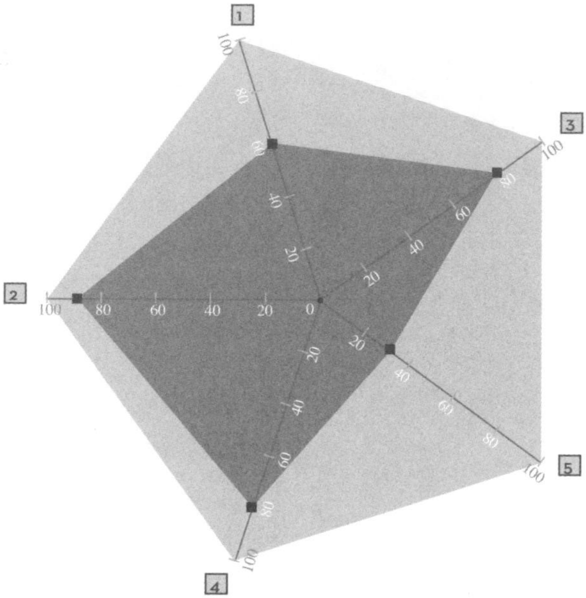

1 天倫享受指數—60分

2 愛情享受指數—90分

3 精神享受指數—80分

4 物質享受指數—80分

5 成就享受指數—30分

心態屬性

密探星男性讓人很明顯的感到有種心思深沉、不好親近的疏離感，說話直接不懂修飾，是有名的冷場王。密探星的心思很難捉摸，必須看星座的落點、以及搭配的星座組合，才能判斷此人到底是正面多還是負面能量更強烈。

不過大多數的密探星都是面冷心善，只是說話太過一針見血不夠圓滑，因此難免被誤解甚或招惹是非。

密探星女性，五官清秀，膚質細緻，是標準美人胚子。雖然長相秀氣，但卻有一種中性的氣質，不善撒嬌，看起來冷冷的。職場上企圖心不大，將家人照顧好、溫馨的家庭生活是密探星女性最大的目標。

密探星性格優點

密探星面冷心善，內心忠厚善良，做事細心思慮周全，小心謹慎，不做沒把握的事。冷靜、反應快，很敏感、稍有異樣可立刻察覺並不動聲色地採取應對。個性內斂，自尊心強，在逆境時耐力十足，對突發事件及危機的處理能力相當優秀。其守密、不二手傳播的特性，是最佳機要祕書的人選。

密探星性格弱點

個性膽小、好猜疑，行事容易反覆、猶豫不決。對待感情的態度總是先熱後冷，熱得快冷得也快，讓人摸不清頭緒，甚至給人善變、口是心非或表裡不一的印象。不過在所有星座中，密探星也是舊情復燃最高的一顆星。

行運逢之

運走密探星，不論是流年或是十年大運，日子都不太好過，感覺總是烏雲蔽日，讓人期待何時能有撥雲見日的一天。因此逢此運勢，能保平安就不錯了，中大獎或升遷之類的好事就別太奢望了。

密探星主刑訟，是顆是非之星、亦爲小人之星，只要再加煞星或阻礙星，輕則有小糾紛、得罪人，重則影響健康、財運、感情甚至六親。密探星又主口腔，嘴破牙痛難免，但若是大運同時具備不利家人健康因素的條件，則恐有傷心事發生。

一般說來，只要十年大運的組合不要太差，流年走到密探星加阻礙星也不會那麼嚴重，只是同樣要注意健康以及外出的交通安全。

總管

General manager

管理者

原爲：天相星

所屬團隊

太微垣系統。

星座特性

總管星屬$^{+}$水，為「印星」、官祿之主宰，掌衣食享受的星宿，別名「媒人星」。

總管星是一顆善福之星，在十二個區塊中，只有旺弱，沒有落陷，而且四處降福，星性熱心愛助人、不忍拒絕別人的請求，所以又稱「媒人星」和「里長星」。在鄉里社區中，若有親朋好友左鄰右舍發生糾紛，總管星的人可不厭其煩的四處奔走，幫忙排憂解難，不圖利益，人生以服務爲樂，總管星就是喜歡這種爲人服務的成就感。

由此可知，總管星是一個閒不住的勞碌命，就算是退休之後，也會固定去當義工、服務群眾，這是因爲總管星的欲望區塊必爲將軍星，在家待不住，一定要往外跑，沒事也要找點事做。

總管星人重感情，更重舊情，對錢財看得比較淡，這種特質和貴妃星類似，但本質上又有很大的不同。貴妃星天性悠哉懶散，但總管星熱心勤快，很有服務熱忱，因此許多總管星人多從事服務業。

總管星專司衣食，重視衣著更甚於吃美食，總管星人不論身材如何，總有一副撐得起來的衣架子，擅長穿搭，不過並不是非名牌不穿、或是珠光寶氣，總管星走的是典雅大方的氣質路線，出門一定不能隨便，即使不華麗也一定要整齊乾淨。而且總管星對美感、色彩搭配有其獨到之處，因爲愛美、懂得審美，所以能走在時尚前端，相當適合從事服裝、設計、或是與美有關的行業。

在所有星座中，總管星是最多謙謙君子、氣質美女的星座。除了注重外型之外，總管星人只要不逢煞星和阻礙星，多半氣質不錯，心性隨和，親和力強，細心體貼、很懂得照顧別人，而且更是溝通協調的佼佼者。善於體察上意，能爲主管留意忽略的細節，也能爲主管提供中肯建議，是最佳輔佐人才。

總管星五行屬水，在五行中，金爲財，水爲智慧，亦爲桃花，所以總管星人個性溫柔體貼、氣質斯文典雅，有品味、重形象，因此異性緣不錯，桃花不少。

總管星和宰相星一樣，是少數優點多於缺點的星座，而且同樣只有旺弱而沒有落陷。宰相星是號令星，天生霸氣外漏，但只有總管星能制宰相星，以柔克剛，而且亦可化解使節星之惡。

總管星爲「印星」，代表重要印鑑以及與印鑑有關的事物，總管星人需特別注意用印方面帶來的問題。尤其流年逢總管星加上阻礙星時，簽約用印必須加倍注意，支票、有價證券、背書保證等等都在此限，甚至連股票、期貨等帶有投機性的投資也最好避免介入爲宜。

總管星人雖然親和力強，看來很好相處，但其實總管星的外交區塊必定有一顆前鋒星，這是固定的組合。外交區塊象徵一個人的潛在個性，所以與總管星往來時，禮尚往來、注重分寸是很重要的，千萬不要以爲總管星沒脾氣、好欺負，總管星可以包容一次兩次，若再三踩到總管星地雷的話，總管星翻臉不回頭，絕對沒有挽回的餘地。

總管星雖然優點多，但有時太過熱心愛打抱不平，也難免會有幫倒忙的時候。因爲還沒有搞清楚誰對誰錯、誰說眞話誰在說謊，不分青紅皂白就爲人出頭了，最後發現幫壞人做壞事，甚至公親變事主惹禍上身，因此總管星得加強辨別力，以免好心辦壞事，得不償失。

星座組合

總管星不宜與馬前卒星爲伍，以免受制，使得英雄無用武之地，爲人服務反成了別有用心。

總管星也不宜被馬前卒星和後衛兵星夾攻，雖然總管星和庫銀星同區塊，但這並非好的組合，反而會讓總管星正面特質無法發揮出來，心態上也不如單純的總管星那麼樂觀，此時亦代表家業中落，必須遠離故鄉。

總管星喜歡會到左、右護法星，領導力加乘，行運易有貴人相助，並能執掌權威。

總管星座若被「財」、「蔭」所夾，「財」是資源星或庫銀星，「蔭」是監察史星，只要不逢衝破，是非常好的格局，一生能得年長貴人庇蔭，在中年後致富。

長相特徵

總管星的特徵，就是比較重視外表和形象，不管有錢沒錢，看起來一定要整整齊齊、體面稱頭。

總管星人外型上沒有特別特殊的特徵，但因爲重視儀表，所以看起來氣質都不錯。比較讓人羨慕的，是總管星和監察史星一樣，年齡和外表有一段差距，監察史星從小超齡，看起來總是比實際年齡要大；而總管星則相反，外表能凍齡，看起來多半比實際年齡年輕，且膚質不錯，實在讓人羨慕。

主星・總管星

人格特質

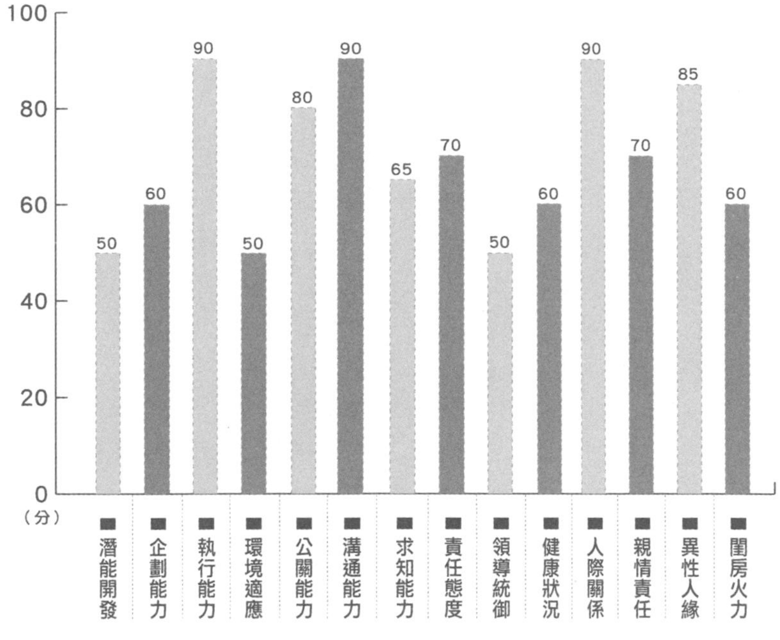

100
80
60
40
20
0
(分)
50
60
90
50
80
90
65
70
50
60
90
70
85
60
潛能開發
企劃能力
執行能力
環境適應
公關能力
溝通能力
求知能力
責任態度
領導統御
健康狀況
人際關係
親情責任
異性人緣
閨房火力

性向分析

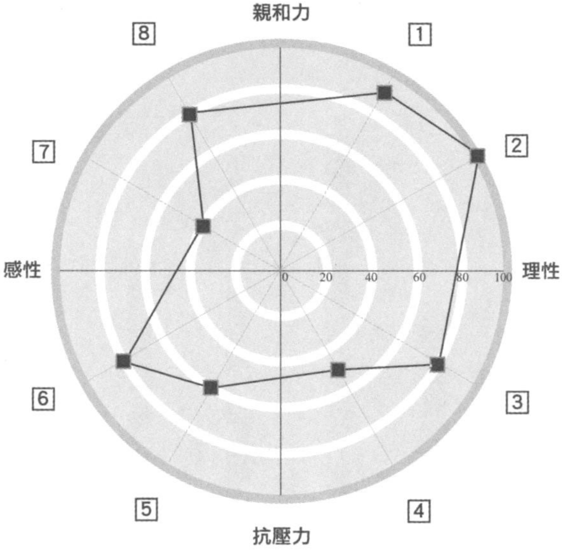

1 親和程度——90分	5 抗壓能力——60分
2 感性反應——100分	6 學習能力——80分
3 理性直覺——80分	7 情緒控管——40分
4 叛 逆 性——50分	8 表達能力——80分

男性

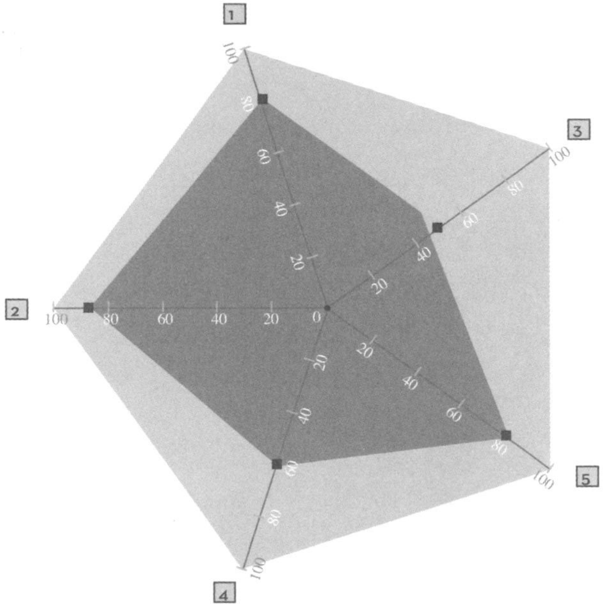

1 天倫享受指數—80分

2 愛情享受指數—90分

3 精神享受指數—50分

4 物質享受指數—60分

5 成就享受指數—80分

女性

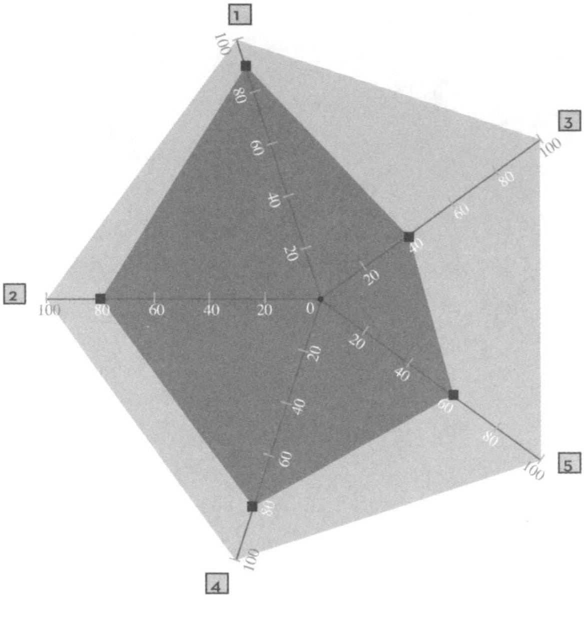

1 天倫享受指數—90分

2 愛情享受指數—80分

3 精神享受指數—40分

4 物質享受指數—80分

5 成就享受指數—60分

心態屬性

總管星男性敦厚持重，斯文大方，重儀表，衣著講究，喜歡交朋友，來者不拒。熱心、愛助人，心軟不善拒絕；責任心強、做事勤快，始終扮演別人的貴人。

總管星男性對外人熱心，對家人同樣沒話說，在外可以拚搏努力工作，回家可以灑掃庭廚、負擔家務，細膩程度不遜於女性，可以算是「內外兼修」的男性榜樣。

總管星女性氣質高雅、聰明能幹，且不善計較，很好相處，極有親和力。愛打扮、重外表、重視物質享受，有依賴性，和貴妃星一樣都喜歡吃零食。不過總管星女性雖善於服裝打扮，多屬於治裝狂，看到喜歡的就買，衣櫥總是不夠用，但每天喜歡穿的衣服還是那幾件。

總管星女性工作能力強，但企圖心卻不大，她願意當幕僚、當輔佐者，協助老闆或另一半創業，是個相當稱職的左右手。但若要總管星女性自己創業，因為心腸太軟又不善拒絕，創業並非好的選項。雖然總管星女性心軟、容易動感情，但她個性並不柔弱，只是不適合獨當一面，擺對位置，才能發揮最大的正面能量。

總管星性格優點

心地善良、富有同情心，見不得人受苦，最怕眼淚攻勢。念舊、忠厚老實、為人坦白直率，有服務熱忱，為人隨和慷慨，做事積極，重視形象和他人評價。

企劃能力強，喜歡自由發揮，對色彩、美感有敏銳度，擅長造型搭配。

總管星性格弱點

好奇心強烈，喜歡打抱不平管閒事；挑穿、偏食、認床、愛面子，太過在意他人眼光；容易濫用同情心而反被利用，或招來無謂的糾紛。

固執，主觀意識強烈；有惰性，動作慢吞吞，欠缺主動性，需要適時給予鞭策。愛交朋友但不懂得擇友，不會拒絕人，常莫名就成了濫好人。

行運逢之

在行運時，不管本人原本是哪一顆主星入總部，都會受到流年總部、十年大運總部的星座影響，並且沾染上流年行運主星的星性色彩。

若是流年或十年大運逢總管星，通常會比以往來得更重視儀容打扮，在治裝、買包或是做臉、醫美等頻率多了起來，交際應酬機會增加，甚至吸引力或追求者也更多了。但無論如何，忙裡偷閒或是在辛勤工作後自我犒賞的情況也會更多，不會只顧著在職場上拚搏而虧待自己，懂得適時放鬆和享受。

總管星的影響會讓當事人的腳步變得輕快、悠閒，甚至緩慢，也比較喜歡人與人之間的互動，或是傾向與人合夥工作的狀況。只是要留意行運逢總管星時不宜做保人、不宜投入股票市場，要留意文書、契約與用印；健康狀況則要注意腎臟、泌尿系統功能是否下滑，若是整個格局良好，則不會有太大問題。

運行總管星，基本上算是一個可以好好充電、放慢人生腳步，好好經營自己與他人關係的好時機。

監察史

Censor

監察官

原爲：天梁星

所屬團隊

太微垣系統。

星座特性

監察史星屬$^{+}$土，主壽祿，是為「蔭星」、亦是「老人星」，具有清高、顯貴的特質以及逢凶化吉的能量。同時亦是醫藥星、法律星、刑星、理論星、賭博星和宗教星。

監察史星是父母的主宰，意指監察史星是基因區塊的主星，但落入總部並沒有刑剋或磁場不合問題，這一點是有別於王爺星和皇后星的。而監察史星亦為「蔭星」，因此，此星入總部的人可得到長輩的庇佑和關照。

監察史星特別有老人緣，其思考邏輯比同齡人來得早熟，行為舉止穩重大方，言談有條理，聰明懂事並且敬重長者，監察史星人就算年紀不大，說話也一副大人口氣，很小就知道什麼能做、什麼做了會被修理，不怎麼需要長輩操心，而且和老人家很有話聊，難怪能受到長輩疼惜，這也正是號稱「老人星」的由來。

監察史星除了心智年齡早熟，外表上從小也顯得比較老成，不過可喜的是外表老化速度會在中年時暫時停格，上了年紀反而會顯得較年輕一些。監察史星不論男女，都很愛聊天，只是男女聊天的方式和內容不同。男性若找到聊得來的人，話題焦點多在自己的工作能力或老生常談上；但女性則天南地北東拉西扯，對別人的事情更有興趣。

監察史星「職司風憲，可以諫皇帝、可以彈劾大臣、可以制律令」，具備刑法的原則和監察的作風，因此監察史星相當注重原則，剛正不阿、不偏私，行事風格一版一眼，訂好的規矩絕不允許輕易打破，因此個性與觀念上較難跟上社會進步的節奏。

監察史星也是一顆延壽之星，這一點和軍師星一樣，是所謂的「延壽」而不是「長壽」，若是當事人大運的欲望區塊傾倒，有性命之危時，流年剛好走到監察史星的話，今年必可驚險度過，延壽到明年的意思。

監察史星亦帶有「孤」的特質，與密探星一般，都很需要王爺星的熱力光芒來驅「孤」，否則監察史星的男性頗自閉，可以活在自己的世界中自得其樂。而監察史星女性也有感情的隱憂，因爲婚姻區塊必入密探星，生活模式強調穩定而非情趣變化，再加上監察史星規矩很多，遇到問題非得爭個對錯、講個明白，感情或婚姻若始終這麼理智，那麼恐怕也很難維持下去了。

監察史星是一個強調理論的星座，好說善辯，嘴上絕不認輸，沒理也要說到贏，若再加上掌握星，那可要煩死人了！監察史星並非一個強勢的星座，發號施令不是它的專長，幕僚、規劃才是強項，所以愛講理的監察史星加上掌握星，沒有號令的權威性，分量不夠，但又希望對方可以把自己的話聽進去，照自己的期望去做，若對方不從，就會繼續堅持、叨叨絮絮不厭其煩一遍又一遍的重複，雖然耐性可嘉，但實在讓人崩潰。

監察史星也是「醫藥星」，和軍師星不同的地方是，軍師星偏向西醫，監察史星則偏重傳統的中醫。監察史星喜歡研究，並且有防患未然的想法，會去思考病痛的來源與預防病痛的方法，所以很喜歡搜集民間流傳的偏方，或是運用一些民俗療法。此外，監察史星對養身、治病方面頗有興趣，不僅實驗在自己身上，若是效果不錯，一定會熱心的督促身邊人一起進行，熱忱分享的態度與總管星不相上下。

監察史星喜歡研究哲理，屬於自然主義者，淡泊豁達卻又重視實際，認爲芸芸眾生，平凡者居多，生活經驗是最眞實的智慧結晶，因此稱爲「宗教星」，對宗教相當虔誠甚至入迷。

如此守規矩重原則的監察史星，爲何又是「賭博星」呢？因爲監察史星喜歡頭腦體操和鬥智遊戲，若是加上煞星，或是西元年尾數是2、5年出生的人，通常賭性相當堅強，但碰賭必破格，對運勢有很大影響。

監察史星亦是參謀高手，思慮周延，解析和推理的能力很強，但這樣的特質適合當幕僚，卻不宜當老闆。因爲監察史星男性忠厚老實，不太會與人交際周旋；而女性雖然能言善道口齒伶俐，但主觀意識過於強烈，凡事都要照自己的規則進行，大方向雖然明確，但卻容易卡在小細節上放不開，求好心切且作風過於強勢，下屬難免有怨言；加上凡事要求完美且事必躬親，導致下屬難以獨立思考和作業，領導統御層面不及格，這一點算是監察史星的盲點和弱點。不過這樣的個性若身為中階主管或員工，自我要求之外還不忘順便督促老闆，簡直是公司的福音。

監察史星無論男女，皆屬特立獨行、性情固執且嫉惡如仇，但也很容易得罪人。固執的監察史星都是以自己的原則為原則，以自己的角度為標準，處理自己的事情和別人的事情都一樣，若要說服監察史星人，太累！畢竟羅馬不是一天造成，只要是他認定的事情就已經在心裡下了定論，難以扭轉。

話說回來，監察史星仍是東方星理學中一個興趣廣泛且心性淡泊的星座，若是整體格局不錯，監察史星的正面特質能得以發揮，具有深謀遠慮的智慧，言之有物，不會無謂的爭強好辯，而且對「數」、「術」很有興趣，也就是對數字敏銳，在專業領域上也有一技之長。

星座組合

監察史星逢僞裝星、滂神星或糾纏星，此人性格會變得狂妄自大、不合群、思想怪異、行爲有怪僻，若再加上煞星則更是孤傲，年紀越大脾氣越怪，愛計較、愛碎唸，所有人都怕了他，難免晚年孤單。

監察史星最喜歡旺地逢顯耀星，或是會左、右護法星、正、副學士星，主富貴。只不過加上正、副學士星之後，同時加重了好說善辯的特質，讓人更難招架。

監察史星不宜再加掌握星，除了更愛爭辯之外，個性也會更專制霸道，老用自己的觀念去指揮和控制別人，身邊人敢怒不敢言。

長相特徵

監察史星入總部，眉毛比較稀疏、髮色較淡，一般來說，上眼皮都比較豐厚，鼻樑挺秀，下巴稍短一點，膚質都不差。

無論男女，都有一股揉和嚴肅老成和伶俐機靈的衝突特質，笑起來稚氣可愛，眼神卻又帶著精明老練。

人格特質

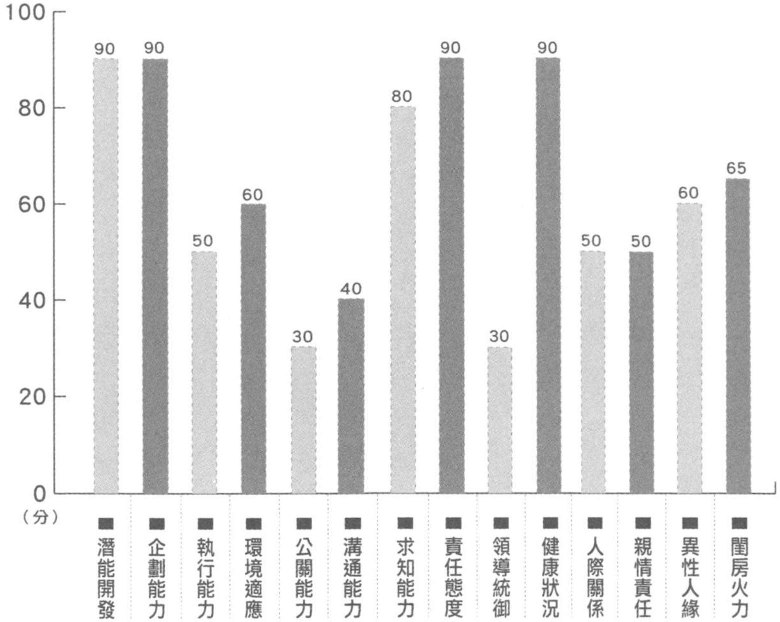
100
80
60
40
20
0
（分）
90
90
50
60
30
40
80
90
30
90
50
50
60
65
潛能開發
企劃能力
執行能力
環境適應
公關能力
溝通能力
求知能力
責任態度
領導統御
健康狀況
人際關係
親情責任
異性人緣
閨房火力

性向分析

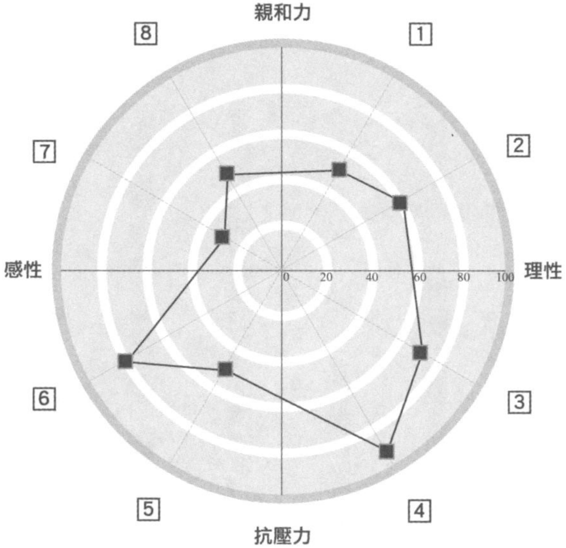

1 親和程度——50分	5 抗壓能力——50分
2 感性反應——60分	6 學習能力——80分
3 理性直覺——70分	7 情緒控管——30分
4 叛 逆 性——90分	8 表達能力——50分

男性

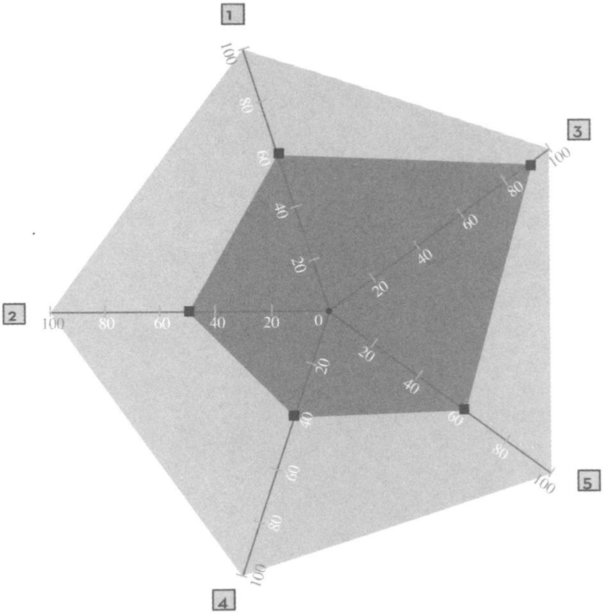

1 天倫享受指數—60分

2 愛情享受指數—50分

3 精神享受指數—90分

4 物質享受指數—40分

5 成就享受指數—60分

女性

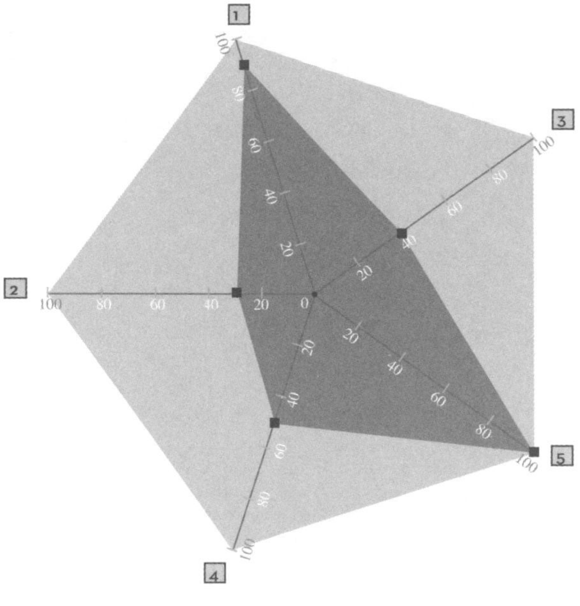

1 天倫享受指數—90分

2 愛情享受指數—30分

3 精神享受指數—40分

4 物質享受指數—50分

5 成就享受指數—100分

心態屬性

男命監察史星個性穩重踏實、正直無私，分析力強，做事按部就班，富有同情心，總是一副老成忠厚、不苟言笑的樣子。監察史星男女的性格表現方式差異很大，女性作風強勢、熱心鄰里，但男性截然不同，不愛管閒事、有點孤僻，他願意理的人才理、願意講才講，沒興趣的都當作沒看到。有時可以一整天都待在家看電視打電動，或種花種菜自得其樂，只對自己關心的事情有興趣，活在自己的小宇宙中。

女命監察史星非常能幹，腦袋靈活、眼光精準，做事講求效率，很有服務的熱忱，個性豪爽，像大姐頭一般照顧身邊人。監察史星和總管星一樣，路見不平一定拔刀相助，不過總管星的態度溫和，站在中間立場爲雙方排憂，盡量讓雙方心服口服；監察史星則是拿出唯一原則，也就是她認定的規則爲雙方排解糾紛，這套邏輯和觀念不見得適用於其他人，有時說理太激動反而顧人怨，自己又生氣，實在得不償失。

監察史性格優點

處事穩重、膽大心細，讓人有安全感、信賴感；親和力強、喜歡助人，有老大的氣魄。理智重於感情，眼光深遠、思慮周詳，分析力強，善策劃，做事光明磊落。

監察史性格弱點

不重穿著打扮，不愛乾淨，與總管星人截然不同。個性孤僻，愛爭辯、嘮叨、喜歡指揮他人、專制，主觀意識強烈，非常固執。

行運逢之

無論是流年或是大運逢監察史星，乖乖當個上班族，安定求穩方爲上策，因爲這不是一個創業或衝刺的好時機，規律的生活、穩定的收入是此時最好的選項。

行運逢監察史星，很有機緣接觸宗教或投機、賭博，心態必須冷靜自制爲佳。

將軍

Commander

將軍

原爲：七殺星

所屬團隊

太微垣系統。

星座特性

將軍星屬+金，為孤剋之星、刑殺之宿，掌生死。五行雖帶金，但帶有火的屬性，個性上有兩面表現，意即有雙重個性。將軍星為上將之星，不喜受約束。

將軍星和司庫星一樣屬金，但一個是+金，一個則是-金，展現出來的星性略有差異。將軍星顧名思義，驍勇善戰、剛毅果決，因五行中屬金又帶火，所以屬於急性子，有叛逆、衝動的特性。

將軍星愛好自由，不喜受約束，是獨立和自由的指標。但因個性太過剛烈，主觀太強，任何人與他互動都會受到他的強勢作風干擾，因此感情之路不太順利，更無耐性帶小孩。

每顆星座都有優缺，將軍星的最大優點是勤勞、任勞任怨，這個特質不論男女皆同。只要將軍星認定是分內工作，不需要鞭策自然會努力執行。此外，將軍星不愛受管束和被指揮，喜歡自己安排進度和做事方法，既定規則對他來說反而不好施展，不如只給專案任務，執行方式就讓他自由發揮，反可取得更大的效益。

將軍星我行我素，自我風格強烈，不在乎他人想法，完全依照自己的喜好行事；但也因爲不聽他人意見、獨立作業，因此也看不到自己的決策缺失、不明白失誤在哪，在群體中難免吃虧。將軍星吃軟不吃硬，用強硬的態度不能使他屈服，反而會激起更強的反抗心理，只有讓將軍星人自己從失敗中歸納出經驗教訓，他才會心甘情願的改變作法，接受別人的意見。

將軍星的舞台在戰場，他適合衝鋒陷陣開疆闢土，帶領著大家往前衝。同時他又是上將之星，可以打前鋒也可以在幕後運籌帷幄，若要激發將軍星的潛能，絕不可給他太多資源、太優渥的環境，反使將軍星失去戰鬥力，讓他直接面對現實世界的殘酷，跌倒碰壁，在生活中打滾歷練，一步步的累積經驗，中年之後，將軍星才能清楚自己的定位，了解自己的優點和弱點，懂得發揮長處、收斂短處，加上將軍星勤奮打拚的特質，必能成爲一個可靠的領導人才。

相反的，若是含著金湯匙出生的將軍星，溫室中長大，不知人間疾苦，性格中我行我素的特質必定會努力揮霍、紙醉金迷，只是敗完家產後是否還能東山再起呢？就怕此時恐怕是心有餘而力不足了。

將軍星又叫「刑煞之宿」，因爲五行屬金，本身就帶有刑剋的味道，不過將軍星的刑剋只對自己有影響，先天體質的關係，呼吸道較弱，容易過敏且支氣管差。另外可以再觀察盤中阻礙星的落點，這個位置顯示出將軍星的弱點，也是特別需要留意的地方。將軍星入總部，健康區塊必定是屬水的皇后星，因此童年時期容易尿床，此外，將軍星人普遍平衡感較差，容易暈車、暈船、暈機，嚴重點可能時常跌跌撞撞，身上常常有瘀青傷口。

古書中形容將軍星：「性急膽小，目大」，將軍星看來天不怕地不怕，其實所有星座中，膽子最小的就是將軍星了。千萬不要被將軍星銳利肅殺的眼神或平時大膽的行事作風給唬弄了，雖然外表豪邁嗓門夠大，但多半是虛張聲勢，吹哨給自己壯膽罷了！怕黑、怕鬼、怕高、怕看恐怖片，罵人時氣勢如洪，其實只是紙老虎而已。

不過在工作上，將軍星相當精明幹練，不需要給他方向和規則，只要訂定任務和目標，將軍星人自己可以摸索出最有效益的工作方法。若是需要成立新部門、嘗試新的業務路線，將軍星人抗壓、耐操、使命必達的特質，多半可以勝任這樣的任務。

將軍星有金、火雙重屬性，個性剛毅中帶著隨性，將軍星的火是一閃而逝、煙火式的火光，他的拚命方式是畢其功於一役、沒日沒夜的拚法，但拚完之後也可以攤在床上睡個三天三夜，將軍星打的不是持久戰，是閃電戰，目標之外的其他事情都算小事，他自有一套行爲準則。

將軍星個性直來直往，隨性是他最大的特徵，賺錢很重要，但比不上司庫星的十分之七，將軍星的心態是：賺錢很重要，但心情好更重要，如果做得不開心，錢再多我也沒有動力！因此想要激發將軍星的鬥志，有興趣的項目加上高報酬的收入，必能讓他全力以赴。

將軍星是隨性的、愛好自由的、能放能收有勇有謀的，不過是因為個性直爽、不愛拐彎抹角，所以給人的印象比較白目，其實將軍星只是比較耿直、不善於察言觀色或暗示而已，神經線比較粗，但大而化之的個性也讓他不會記仇，脾氣來得快去得也快，不會斤斤計較。

星座組合

將軍星不喜會左、右護法星、也不喜歡正、副學士星，因為這些斯文的星性與將軍星的特質截然不同，加上不僅增加不了多少氣質，反而會產生矛盾。在陌生人面前，將軍星或許可能暫時可以矜持一下，但私底下仍然動作粗魯、說話口無遮攔，甚至在口才上更牙尖嘴利了一點。可見格格不入的星性組合其實並不能達到柔化的效果，最後不僅顯現不出正、副學士的氣質，也展現不出將軍星原有的魄力，做事反而猶豫不決、反反覆覆。

將軍星喜逢科舉星、貴人星，除了在學術上、事業上能有所專精、獲得成就，原本衝撞的個性也會較收斂一些。而將軍星與前鋒星不宜分別入總部或分部，這會讓當事人一生運勢波折起伏大起大落，格局好一點的，可以憑藉手藝先貧後富，格局組合較差者，一生漂泊，帶病延年。

將軍星這顆孤剋之星不宜再加煞星，性情更剛更烈、主觀固執，易有官非、病痛，甚至組合不佳時則有殘疾，人生波折不斷，若有吉星來解厄，加上個人努力修爲，才可能權威出眾、掌握權柄。

將軍星不宜逢滂神星或僞裝星，會使將軍星失去威力和衝勁，沒有目標方向。

將軍星三方必須有貴人星加持與提拔，其努力才能得到賞識，否則永遠只是個小兵。

長相特徵

將軍星入總部，特徵是眉毛稜角明顯，屬劍眉，男性眉毛濃密，女性則較稀疏，且都是前濃後疏。女性多半有「眼睛大」的特徵，乍看有著犀利的眼神，貌似兇悍，似乎頗不好親近的樣子。

人格特質

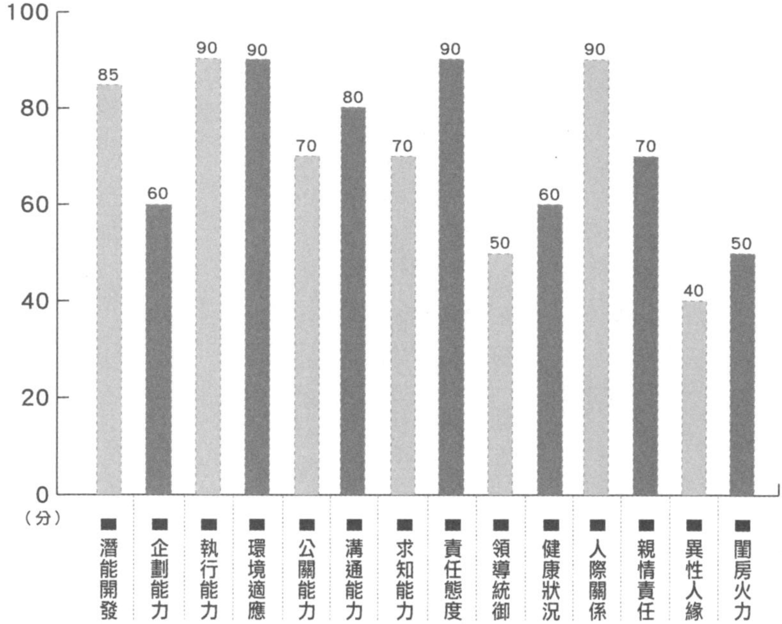
100
80
60
40
20
0
(分)
85
60
90
90
70
80
70
90
50
60
90
70
40
50
潛能開發
企劃能力
執行能力
環境適應
公關能力
溝通能力
求知能力
責任態度
領導統御
健康狀況
人際關係
親情責任
異性人緣
閨房火力

性向分析

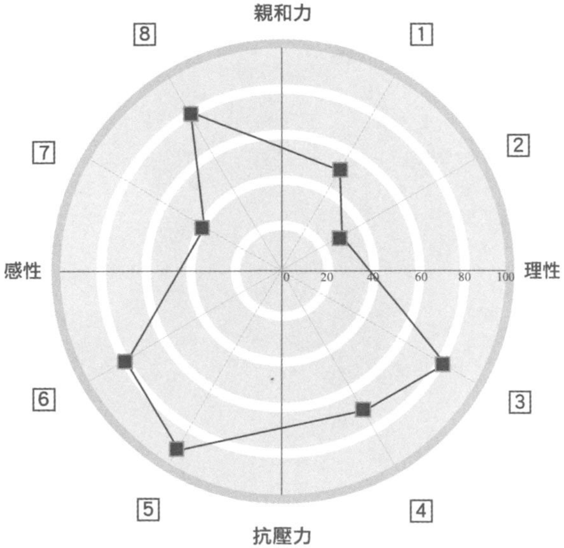

1 親和程度——50分	5 抗壓能力——90分
2 感性反應——30分	6 學習能力——80分
3 理性直覺——80分	7 情緒控管——40分
4 叛 逆 性——70分	8 表達能力——80分

男性

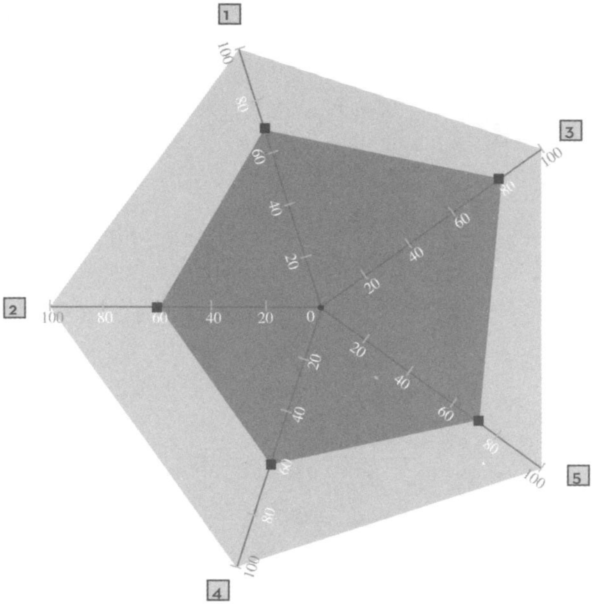

1 天倫享受指數—70分

2 愛情享受指數—60分

3 精神享受指數—80分

4 物質享受指數—60分

5 成就享受指數—70分

女性

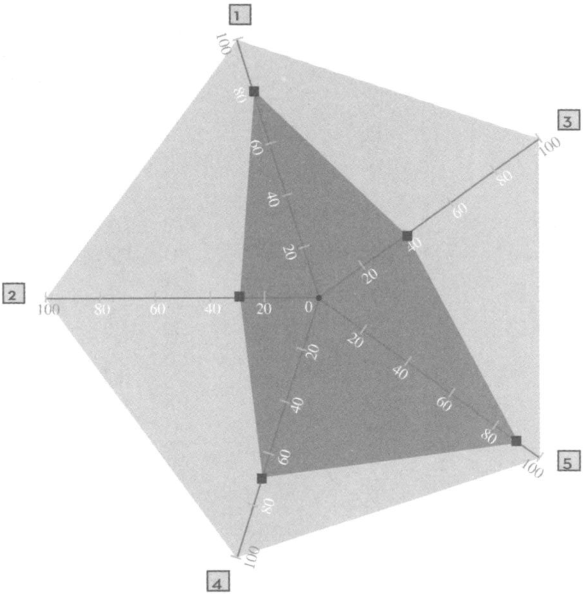

1 天倫享受指數—80分

2 愛情享受指數—30分

3 精神享受指數—40分

4 物質享受指數—70分

5 成就享受指數—90分

心態屬性

將軍星男性沉默寡言，個性理智，善於企劃分析。情緒化、剛強好勝，學習能力強，只是表達能力較差，眼神剛毅帶威嚴，有大男人主義。

女命將軍星性急爽快，脾氣浮躁，只有三分鐘熱度。個性外向，做事乾脆直爽，不會記仇；不會被感情束縛，看到喜歡的對象會主動追求，阻力越大越有興趣；外表是標準的小辣椒型。

將軍星性格優點

將軍星掌生殺大權，因此帶威嚴，說話有分量。個性具有叛逆性，喜歡突破現況；精力充沛、敢做敢當，思慮敏捷，性格獨立，好勝心強烈，做事乾脆果斷決不拖泥帶水。爲人豪爽，正直不愛計較，具有自我鞭策的衝刺力；面惡心善，其實很好相處。

將軍星性格弱點

個性急躁不夠穩重，膽小，欺善怕惡；思想偏激，因帶有雙重個性，所以有時脾氣反反覆覆，難以捉摸。具有叛逆性，喜歡唱反調，明知山有虎偏向虎山行。給人玩世不恭、隨意不羈的形象；軟硬不吃，若缺少外力幫助，一生多處於波折中，運勢大起大落，早年必歷盡艱辛。

行運逢之

運逢將軍星，無論是流年或十年大運，當事人絕對會感到一種急迫性，有種很想改變的心態，很想往前衝、突破現況。逢此流年或大運，生活情境會與以往不同，是創業或升官的時機點，有人可能轉換跑道、或是挑戰不同領域的職場。所有的改變會因爲當事人總部主星的星性而定，但相同之處在於，同樣變得很敢拚、很敢衝、很想突破現況，具有重新展開一番新局面的勇氣。

這樣的轉變並無不可，但要特別提醒的是，運逢將軍星是一個沒有僥倖、不能投機的時期，衝鋒之前一定要仔細評估，做好風險管理，遇到問題時不要強渡關山，須謹愼面對。

十年運逢將軍星，通常前五年怎麼做怎麼順，後五年想擴大版圖或乘勝追擊時，現實總會比想像中困難，此時最佳做法是見好就收、急流勇退，若是因好大喜功或心存僥倖，過於大意而不知即時踩剎車，等到流年或大運一過，最後恐得而復失、白忙一場，只賺到寶貴的人生經驗。

前鋒

Vanguard

ヴァンガード

原爲：破軍星

所屬團隊

紫微垣系統。

星座特性

前鋒星屬「水」，又名「耗星」、「子息星」，是一顆不利六親的星宿，亦主禍福。

前鋒星又爲「破耗之星」，走到哪破到哪，使用東西的破損率佔所有星宿第一。因爲前鋒星好奇心強且具有破壞性、情緒化的特質，所以東西一有瑕疵、或過時了、沒有新鮮感、看膩了，前鋒星可能就動手拆解或丟掉了，因此破耗星也破財，花錢比別人更大方慷慨。

前鋒星的特性是愛面子、個性剛烈，雖然屬水，比將軍星稍微柔軟一點，但是講出來的話和做出來的行爲，蠻不在乎甚至流裡流氣的，比直爽白目的將軍星更難讓人接受。

前鋒星個性好動，很難閒得住，幾分鐘就要換個姿勢，坐姿不雅是其特色，在外當然會收斂一點，但多數時候不管他人眼光，以自己舒服爲原則。在東方星理學中，以宰相星、前鋒星的開車速度最快、最愛飆車，宰相星是因爲性急，而前鋒星則是因爲愛刺激，爲了追求速度上的快感。

前鋒星雖然花錢不手軟，但對錢財看得較淡，敢賺敢花，所以不宜做管理者，以破軍星的衝勁和開創特性，做出一番局面後必須請專業經理人來經營守成，否則必毀在前鋒星自己手上。前鋒星和將軍星相似之處，在於一樣適合白手起家，不依靠長輩的資源，自己摸索累積失敗經驗，只有辛苦打拚來的事業，前鋒星才能守得住。

前鋒星追求完美以及與眾不同，別人做過的他不屑做，不滿意作品他不惜成本寧可打破重來，這樣的特質不宜從事製造業，恐怕不敷成本。而且前鋒星性格偏激衝動，喜歡接受挑戰，思想行爲不按牌理出牌，事業上具有衝勁，不喜受約束，擁有前衛的觀念和作風，若從事設計、企劃、發明，敢於突破、大膽創新的行業，像是爆破藝術，或是可發揮創意的行業，像是廣告、設計、藝術、發明、作家等，都可充分發揮前鋒星求新求變的特質。此外，前鋒星亦主二手、回收，因此從事再生工業、中古業、回收業都很合適。

前鋒星入總部，個性桀驁不遜，孤僻不合群，叛逆、一意孤行、挑剔、喜怒無常，愛憎分明且非常喜新厭舊；喜歡強人所難，別人對他好，他認爲理所當然。生性多疑，喜歡玩試探人性的遊戲來印證他對某人的揣測。講話口氣衝、罵人兇狠不留口德，翻臉無情，做事不留後路，總是先做再說，最後反而玩火自焚。

如此極端的個性，能欣賞包容的人實在不多，知心好友就更少了，所以前鋒星入總部的人，朋友區塊必爲暗黑的密探星，一生難得到來自朋友的助力。在感情上，前鋒星敢愛敢恨、喜新厭舊，感情糾葛不少，小心成爲婚姻中的第三者。

前鋒星也是「子息星」，無論男女都疼小孩，永遠把小孩放在第一位，很有孩子緣，甚至年紀不小了仍可以和小孩玩成一片，是名符其實的孩子王。

東方星理學中，眾星各具特色，有官貴星、福星、延壽星、財星、號令星、桃花星、服務星等等，不同的星宿入總部，當事人則深受其影響，有優有缺，在人生舞台中各自扮演不同角色，有不同的存在價值和不同的人生藍圖曲線，其不同的人格特質，於社會上貢獻出不同的力量。

前鋒星雖爲破耗星，個性難捉摸，但前鋒星抗壓性一流、創意也是一流，是個不可或缺的人才之一，很多從事開發以及申請專利的發明家都是前鋒星入總部的格局，有了前鋒星，經濟才能活絡，生活才能持續進步，並且不斷開創出新局面。

星座組合

前鋒星與正學士星同區塊，主貧，一生勞碌；與副學士星同區塊，須防水厄，這是因爲兩個星座的性質差異太大，反而抵銷了各自的優點。

前鋒星加左、右護法星，主權威，並且個性會變成樂善好施，喜收養流浪貓犬。

前鋒星和將軍星一樣，最喜會到庫銀星，沒有庫銀星，破耗星只破不收，就算不花錢也很難守得住。因爲前鋒星本來就是只攻不守的人，只顧往前衝而不管後面誰來收拾善後，會創新但不會經營，但若會到庫銀星，等於爲前鋒星加裝煞車，關鍵時刻懂得收手，能攻能守、能放能收。

長相特徵

前鋒星入總部，臉型圓長，腰背多肉、唇厚，眉寬且有眉峰；眼睛不大，多屬細長型；說話帶手勢。

人格特質

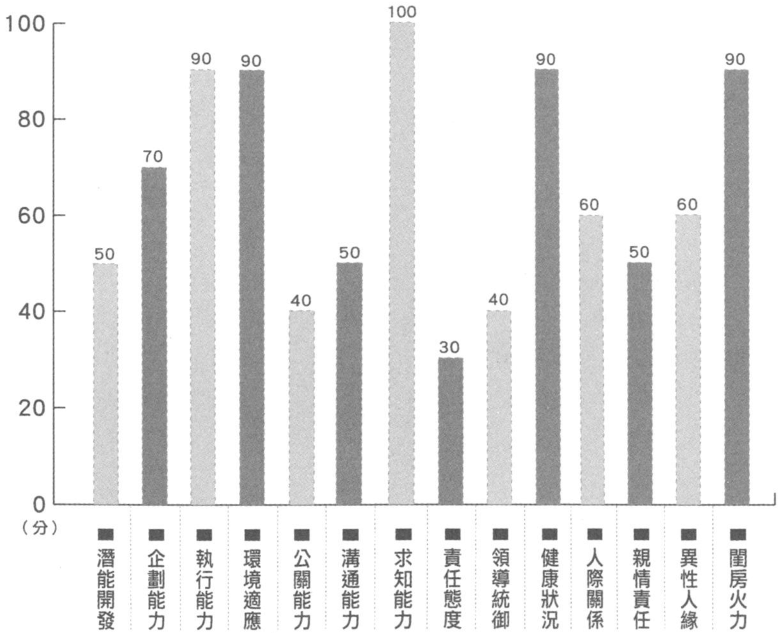
100
80
60
40
20
0
(分)
50
70
90
90
40
50
100
30
40
90
60
50
60
90
潛能開發
企劃能力
執行能力
環境適應
公關能力
溝通能力
求知能力
責任態度
領導統御
健康狀況
人際關係
親情責任
異性人緣
閨房火力

性向分析

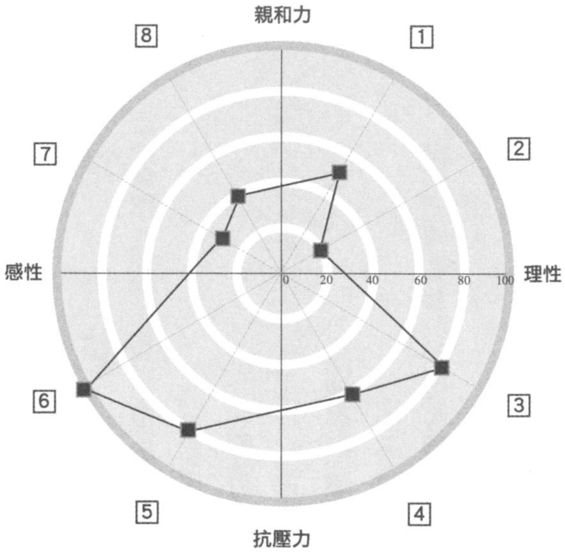

1 親和程度——50分
2 感性反應——20分
3 理性直覺——80分
4 叛 逆 性——60分
5 抗壓能力——80分
6 學習能力——100分
7 情緒控管——30分
8 表達能力——40分

男性

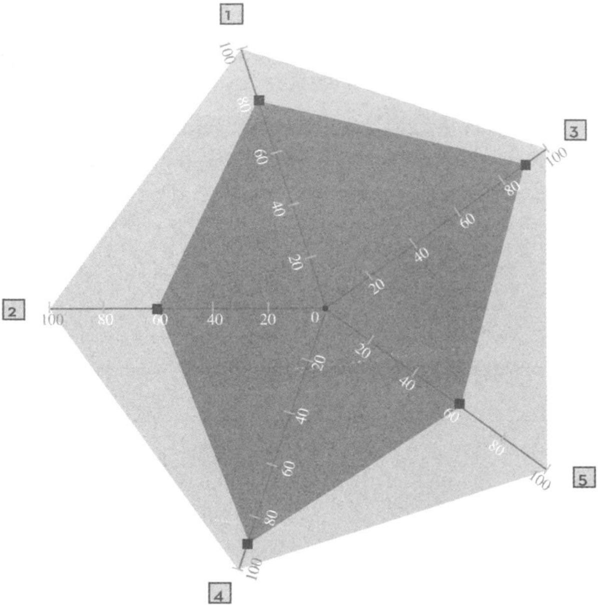

1 天倫享受指數—80分

2 愛情享受指數—60分

3 精神享受指數—90分

4 物質享受指數—90分

5 成就享受指數—60分

女性

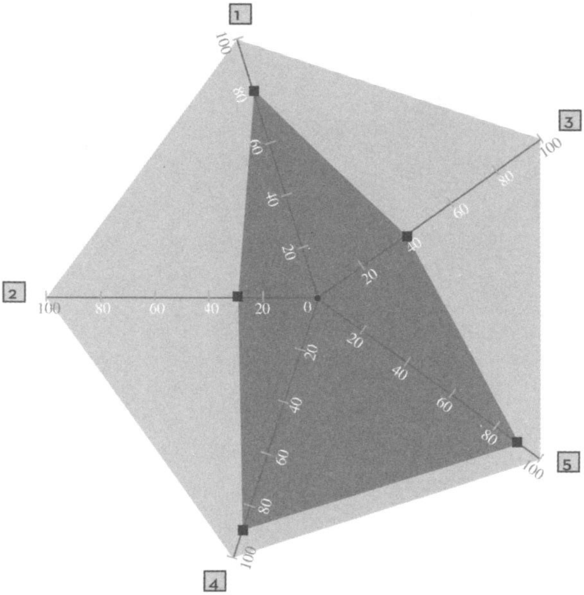

1 天倫享受指數—60分

2 愛情享受指數—30分

3 精神享受指數—40分

4 物質享受指數—90分

5 成就享受指數—90分

心態屬性

男命前鋒星脾氣倔強、不合群、疑心病重、好奇心強，重情趣，喜歡新鮮環境和新穎的事物；喜酒食，爲人慷慨，行事風格乾脆，性格多變化，令人難以捉摸。

前鋒星男性對異性相當溫柔體貼，頗有紳士風度，不管有沒有企圖，都會表現得很有風度。不過一旦交往後，新鮮感可以維持多久？是否還能保持當初的噓寒問暖、溫柔體貼？這點恐怕就不要期望太高了。

女命前鋒星的外交區塊必爲總管星，因此重視外表，有虛榮心；個性倔強、喜歡強人所難，驕傲、眼光高、疑心病重。做事沒有固定模式或準則，情緒化，決定事情往往要看她當時心情如何而定。

至於感情世界，前鋒星喜歡嚐鮮、注重情趣，除非會到庫銀星，否則無論男女都渴望有新戀情的刺激。

前鋒星性格優點

說服力強，喜求新求變；外表沉穩，富心機。好奇、好動，有運動細胞，喜歡強度較大的運動。

個性外向、有口福，飲食口味較重；有主見，為人好客，豪爽乾脆，有魄力，膽大果敢；想法多、創意多、有設計才華，觀念新穎能與世界接軌。

前鋒星性格弱點

前鋒星星性難明，因此個性變化不一。性情剛烈好爭，愛面子、大方，花錢爽快；喜歡揭人瘡疤、強人所難，個性愛投機冒險，做事沒有原則，性急、耐性不足；驕傲自大、帶忌妒心，說話挑釁，而且針針見血，不留口德；不修邊幅、飲食重口味、穿著隨意，喜歡搶話且說話比手畫腳，動作很多。

行運逢之

前鋒星與將軍星類似，一生高低潮起伏較大，因爲這種波動的特質，運限逢之，就是改變的年度，必有一番新局面的開創。走將軍星或前鋒星十年大運，波動起伏大，前五年精力充沛衝勁十足，後五年則是每況愈下、怎麼做怎麼不對，雖然衝刺了十年，但最後仍是回到原點，白忙一場。因此運走這兩顆星，衝刺並非重點，如何適時收手、踩剎車，這才是眞正關鍵所在。若是沒有充分的把握，此大運可以選擇當個穩定的上班族，在職場上努力拚搏也可以有一番成績。

此外，運走前鋒星時腸胃易出問題，住家也可能會有漏水的狀況發生。

十年運逢將軍星是新局面的開創，而運走前鋒星也會是一種改變的契機，但通常是「舊瓶裝新酒」只限於原有的範圍再創新，很難改變行業。

單星星性分析

副星系列

在東方星理學中，副星共有十八顆。這十八顆副星雖無法如主星一般獨當一面，但卻能對主星產生力道加成或削弱的效果，亦有左右主星發揮優劣勢的關鍵作用。

正學士

Scholar

学士

原爲：文昌星

星性主軸

五行屬「金，紫微垣、太微垣共同之輔助星，爲文魁之宿，司科甲考試之星，別名「文貴」。主思考、閱讀、文書、影音編輯、訊息，又主口才好，臨場反應快。

長相特徵

面黃色白，長圓臉型，眉型修長，擁有一雙動人的眼眸，黑白分明，中高身材。男人舉止談吐斯文儒雅，著重修養；女人皮膚白皙細嫩，一生可省下不少保養費用，外型氣質優雅，顏值俱優。

重點提示

1 正學士星進入總部或健康區塊，容易引起神經系統衰弱和精神方面疾病。

2 三方交會到正學士星，主其人氣質高雅、斯文有禮。

3 正學士星進入總部、或三方會到，身上易生小痣，會因年齡的增長而自動消失，或轉移到其他部位。

4 正學士星主有利科考和聲譽，思維細膩、聰明、臨場反應快。

5 正學士星有利於基本學歷的求取，對正規考試有正面幫助，對求取功名能省力很多。

6 正學士星性著重思考，善閱讀、文字表達能力強，有利於寫作及企劃工作，亦適合從事文化、傳播、影音、藝術、表演之工作。

7 行運逢之，代表正規學歷再次接軌，有再次充電或進修的機會。

8 行運逢正學士與副學士星同臨，代表有異性桃花的機會。

9 在健康區塊，正學士星主自律神經系統，副學士星主中樞神經系統。

副學士

Vice scholar

準学士

原爲：文曲星

星性主軸

五行屬「水，紫微垣、太微垣共同之輔助星，爲「文華」之宿，屬副科系統利於異途功名。主口才、表達能力，代表氣質而不是美貌。

長相特徵

外型與正學士星相似，但皮膚更白皙，尤其是女子更是皮膚晶瑩剔透，顏值、氣質皆優，最少可凍齡十年。

重點提示

1 副學士星屬「水，異性緣特別好，容易引來桃花上身。

2 副學士星主異途功名，學非所用，年輕時所讀科系項目，容易在出社會後因環境影響而更換跑道，本科專長反而學無所用。

3 副學士星專指口才，伶牙俐齒好辯功，適合業務推廣、銷售、金融服務業。

4 正學士與副學士星對「密探星」具有壓制和化解其暗星之功能與特性。

5 副學士星讀書功課不見得好，通常只是說得比唱的好聽罷了。

6 正學士與副學士這兩顆星在星盤上是分屬兩處才會加分，若同處一個區塊，則一加一不等於二，反而互相抵銷彼此優點，結果沒有想像中完美。

7 副學士星代表非主流，包含藝術、音樂、技術、才藝、商業行為等等，走主流行業反而無法成功。

8 此星星性帶有陰柔、文雅、風流的基因，若與剛性主星同處，能緩減剛硬特質，反成文武皆能的人才；若與柔性主星同處，則會引發桃花之特性，造成喜新厭舊、三心兩意之後果。但若是從事表演藝術行業，則桃花可解。

9 此星若與「皇后星」同處，則其基因會突變，變成行「騙」天下。

左護法

Left custodian
左側の守護神
原爲：左輔星

右護法

Right custodian
右側の守護神
原爲：右弼星

星性主軸

左護法星五行爲$^{+}$土，右護法星五行爲$^{-}$水，兩星皆爲紫微垣星系，專屬皇帝星資源與權力加持的左右護衛。

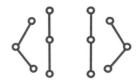

長相特徵

圓長臉型，面黃白色，中高身材，略瘦。

重點提示

1 星盤中的皇帝星若三方四正有此二星照會護持，此王即是有資源、有能力、能獲百官百姓擁護的明君；若皇帝沒有這兩顆星的加持，便可能成爲無所作爲的孤君。

2 兩星皆主心地善良、心軟性慈，有豆腐心、同理心，見不得人受苦而願伸出援手，怕見人眼淚，更怕見血光，會令其暈眩。

3 因兩星深具同情心，喜歡養寵物，也會救助流浪動物。

4 兩星爲上天善福之星，星盤中除了是皇帝星的鐵衛之外，落入哪個區塊就幫助那個區塊，跟哪個主星同處就幫那個主星，使其星性更加突出。若與不吉利的主星同臨，難免也會幫倒忙，研究者應細分才能判斷吉凶。

5 左護法爲正科星，命格適合朝正途方向發揮；右護法爲異途星，命格適合往非主流方向發展。

6 左右護法兩個星座同區塊，其星性並無加乘效果，反而是浪費一顆好星座，只能維持心軟善良的特質不變。

科舉

Imperial examination

全国考試

原爲：天魁星

星性主軸

屬太微垣系統，專主貴人。科舉星五行爲+火，利於白天生人，故又名爲「日貴人」，專司科名之宿，爲和合之神，又名「天乙貴人」。天生好管閒事樂於助人，一生扮演別人的貴人。

貴人

Benefactor

恩人

原爲：天鉞星

星性主軸

屬太微垣系統，專主貴人。貴人星五行爲「火，利於晚間生人，故又名爲「夜貴人」，專司異途功名，亦爲和合之神，善於仲介、媒合之事，服務是爲基本功，樂於助人又能得利，是可利人又利己的星座。

重點提示

1 兩星皆具備善良、樂善好施的特質，差別在於科舉星付出不求回報，貴人星則會同時考慮是否也能利己。

2 兩星皆是入公門或官僚體系必備之輔助星，差別在於科舉星是一般大學之科系，偏向行政系統；貴人星屬於技術學院的異途性質，偏向技術官僚體系。

3 未具備這兩星條件者，就算已入公門，但在行運中途必有原因使其而更換跑道，無法屆齡退休領到退休金。

4 兩星入總部或第二大運相逢，有利於求學或參與考試。

5 此兩星於總部之三方四正交會，主一生運逢危難時可常得貴人適時相助，三方結構就算不完美，亦可爲人師表，與其基本學歷未必相關。所謂行行出狀元，老師不一定都在學校裡，便是這個道理。

6 星盤中屬於高敏感性的區塊，例如婚姻區塊就不歡迎這兩顆貴人星來幫忙，第三者介入肯定越幫越忙。

火神

God of fire
火の神
原爲：火星

星性主軸

火神星五行爲+火，屬太微垣星系外圍浮星，外號「殺神」。

長相特徵

火神入總部，主長圓臉型，中等身材，略壯，身上毛髮粗硬，留長一點還帶自然捲。

重點提示

1 火神星雖然風評不怎麼好，讀者往往會被其名號所隱蔽，但其實火神星的外型長相出奇的「正」，相貌英俊氣宇不凡，尤其是總部是火神星單守時尤其明顯。

2 總部有火神星，其外形毛髮多、髮質粗硬，燙髮特別費時難造型，中年後易生白髮，但比較不會掉頭髮，與禿頭無緣。

3 此星五行屬$^{+}$火，性格上火氣也很大，性急脾氣火爆，甚至會動粗摔東西，但火氣快起快消，有話直說不記恨，也沒有隔夜仇，算是一大優點。

4 因體質極端冷熱，皮膚容易過敏，大腸蠕動不佳，經常便祕，應多吃蔬果少吃辣、油炸食物，否則痔瘡難免。

5 火神星屬太微垣外圍浮星，就如同行星外環的衛星一般，獨自漂浮在外的話就會四處作亂，所以個性較叛逆、獨立、自我，較不受周邊及社會行爲準則的牽絆。

6 火神星不宜進入親情區塊，主其必有所損且不受管教。亦不宜進入房產、行政區塊，主其易受火災。

7 火神星喜與宰相星和近侍星同處一個區塊，因宰相星能化解火神刑剋，近侍星能牽制其不爲惡不造反，反成有用之人材。

旱神

God of drought

干ばつの神

原爲：鈴星

星性主軸

旱神星五行爲「火」，屬太微垣星系外圍浮星，外號「殺神」。

長相特徵

旱神入總部，主身形矮胖、眉型冷峻帶有殺氣，毛髮細軟，中年易禿頭。

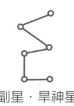

重點提示

1 旱神星與火神星的最大差別在於，火神星性急、個性火爆，但快起快消；旱神星特質是細火慢燉，或如同沒有火苗一般慢慢悶燒，個性沉著冷靜，心事暗藏不露口風，處理事情沉穩冷靜，膽大心細，臨危不亂處變不驚，是旱神星的優點也是缺點。

2 旱神星男人外型英俊有型，走的是沉著、冷酷、不苟言笑的路線，有一副練武健身的好身材。旱神星女人外型多半是氣定神閒、氣質高冷的冰山美人，散發一股獨特的神祕冷豔氣質。

3 火神星生氣時如大火快炒，氣不過三天就好了；旱神星則是生氣時不形於色，心裡是記仇又記恨，日後會找時間找機會報仇，這種人千萬得罪不得。

4 旱神星入親情區塊皆主有損耗，入婚姻區塊則彼此冷戰難免；入財政區塊主偏財得利。不宜入健康區塊，主大腸乾濕不穩，常常便祕甚至易生痔瘡，體內很容易擁有癌細胞的DNA。

5 旱神星與火神星一樣，屬於太微垣星系外圍浮星，非主結構的一份子，獨自漂浮在外時，漂到哪闖禍到哪，到處惹事生非搞破壞，無以言吉。

6 旱神星只喜逢宰相星同臨，能化解其凶性和不穩定性。逢近侍星能牽制其不爲惡、不破壞，反能成爲有用之棟材，是商場爭戰中的佼佼者。

7 火神星與旱神星皆凶惡，帶有刑剋，若與主星同處，則星性有制，若單守則到處惹禍不受歡迎，但得罪它肯定會被秋後算賬。

庫銀

Property

財物

原爲：祿存星

星性主軸

庫銀星五行爲「土」，屬紫微垣星系副星，職司星盤之貴爵，可掌人壽基之宿，亦爲吝嗇守財的保守之星。

長相特徵

庫銀星入總部，面黃膚白色，圓型臉，年輕時爲瘦高身材，中年後發福。

重點提示

1 庫銀星這顆星雖是副星，但在星盤中佔有極重要的分量。這是一顆相當特殊的星座，在星盤結構中，庫銀星的強弱，代表皇帝的資源多寡，欠缺庫銀的皇帝星再怎麼強勢，也難有政績和權威。

2 在星盤中，庫銀星與前卒後兵的組合，取材於中國古代鏢局押送的資源箱，重點是資源箱裡裝的是金銀珠寶還是重要文件？庫銀星若是重要資源箱，那麼前卒後兵的性質就如同現代的運鈔車保全了。

3 庫銀星是一顆需要乘旺的星座，意思是同區塊中必須要有強而有力的主星來做後盾靠山，庫銀星的資源才能發揮作用，若是庫銀星單守，便如同有萬貫家財卻門戶大開，反而容易讓人欺侮。

4 庫銀星先天具有消災解厄的功能與錦上添花的作用，尤其是流年遇難時，更具有決定性的作用，解盤時須謹愼查明，以免誤判。

5 庫銀星的落點，顯示星盤主人此生最重要的資源給了誰，也代表其人格特質偏向那裡。庫銀星以區塊爲主，入什麼區塊就幫助什麼區塊，沒有目的亦不求回報，有時瞎忙，有時越幫越忙。不過遇到凶星時可化解其惡，而不助其惡。

6 庫銀星若在總部的三方四正交會到，代表此人很有福份，行運較穩定，不易有大起大落的際遇，個性也傾向保守，少有投機心態，故能持盈保泰、積少成多。

7 庫銀星具有掌人壽基的特殊功能，若此星之基礎沒破，縱使行運時眾凶星匯集，主有劫難或重大意外時，庫銀星可逢凶化吉，使人驚險過關。若不幸庫銀星單守，無主星後盾可靠，流年又逢眾凶星聚集，恐怕就得蒙主寵召了。

馬前卒

Front guard

フロントガード

原爲：擎羊星

星性主軸

馬前卒星五行爲$^{+}$金，屬紫微垣星系副星，亦是「庫銀星」前面的帶刀護衛。馬前卒負責開路、衝刺，掃除行動路線前面障礙的人、事、物，確保庫銀星的任務達成以及安全，因此刑傷難免，特質是行動力強，快狠準並且果斷。

長相特徵

馬前卒星入總部，偏甲字型臉，瘦高身材，毛髮粗硬。單星入總部，女性膚白豔麗，男性俊帥，但身上必有缺陷或破相。

重點提示

1 馬前卒星爲東方星理學四大煞星之一，具有刑傷的基因，若入親情區塊恐有不利親情互動及家暴的可能。
2 此星入財政區塊，主快財，不適合收利息、租金及製造行業。
3 入健康區塊則身上將留下血光疤痕，外傷難免。
4 入外交區塊則容易受到激怒而失去理智。
5 入行政區塊則適合機械、自動化或與金屬相關等行業；入軍警武職亦有相當之成就，惟文職不耐久。

6 若馬前卒星單守總部，外型雖多是俊男美女，但其性格孤獨多變，美人無美命，人生起伏必大，無法平穩平淡過日子，中年後多單身獨居。

後衛兵

Rear guard
ガード
原爲：陀羅星

星性主軸

後衛兵星五行爲「金」，屬紫微垣星系副星，是「庫銀星」身後的帶刀護衛。後衛兵負責殿後警戒，掃除跟蹤者與之糾纏到底，去除對庫銀星有疑慮的所有人事物，確保庫銀星的安全。因此，後衛兵自身亦是刑傷難免，特質是冷靜、絕情、六親不認，斬草必除根不留後患。

長相特徵

後衛兵星入總部，方圓臉型，面頰較寬，毛髮粗硬，身材五短，個子較矮胖。後衛兵星單守總部，女性膚黃甜美，男性矮壯，但身上必有缺陷或破相，身上亦有外傷或瘀傷，體內有腫瘤基因。

重點提示

1 後衛兵星爲東方星理學四大煞星之一，星性具有刑傷之基因，入親情位恐不利情緣互動，彼此陷於是非牽絆且糾纏不斷中。

2 後衛兵星入財政區塊，主慢，主非一次性的大財，多屬細水長流，適合投資回饋，不利投機之財。

3 此星入健康區塊，多屬慢性疾病及腫瘤類，身上疤痕難免。

4 此星入行政區塊則屬同類別、老單位重複回鍋，新型態工作較難適應。

5 入外交區塊，主其人記仇也記情，有仇必報，外虛內狠，表裡不一，不宜寵信亦不宜得罪。

6 若後衛兵單守總部，就算不是俊男美女，但多半給人眼緣不錯的印象。因星性帶有刑剋，人生起伏必大，浪裡行舟需時時小心。後衛兵星有別於其他星座的優點，就是毅力超強，續航力十足。

7 火神星、旱神星、馬前卒星、後衛兵星，此四星號稱東方星理學四大煞星。火神和旱神爲一組，兩星不會同區塊；馬前卒與後衛兵是一組，中間保衛著庫銀星，因此也不可能同區塊。但此二組有機會相互交叉同區塊，若有此交叉組合，仍是以惡制惡，凶性相互抵銷，反爲吉祥。例如火神與馬前卒同處反主權威，旱神與後衛兵同處，形成名聲響亮之象，因此不能以雙煞論之。

8 馬前卒與後衛兵若與主星同處，則有制化的化學作用，宛如狼犬身邊有主人牽著，尚不致於爲惡。若單守無制，必然到處闖禍惹麻煩。

9 所有主星裡只有宰相星能駕馭四大煞星，宰相星能制馬前卒、後衛兵爲惡，能化火神、旱神爲其所用，反成爲宰相星的衝勁和動力。

資源

Resources
資源
原爲：化祿星

星性主軸

資源星屬太微垣星系副星，爲「四象星」之一，代表流動的資源、口福，亦主增加。

星性特徵

1 爲增加星理學的精細度，因此在太微垣底下增設四顆副星：資源星、掌握星、顯耀星、阻礙星，統稱爲「四象星」。

2 四象星的星性是完全無法自己發光的星座，必須依附在主星之下才能運作，若主星「○」，四象星則跟著強勢，若主星「×」，四象星則一同跟著無力。

3 四象星在星盤中雖屬於副星，但在星盤結構中扮演著畫龍點睛的重要功能。

4 四象星區分爲三個層次，第一層是出生年的四象星，在星盤上是固定的，能左右「區塊」的吉凶；第二層是行運時，其宮干的四象星的有效期限是十年，跟著大運的轉換而變動；第三層是流年層級的四象星，影響力只有一年，讀者必須細分才好。

重點提示

1 資源星入總部或欲望區塊，有口福之外，也代表其人有資源會自己優先享用，不得已才會分給別人。

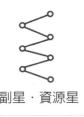

2 資源星入親情相關區塊，顯示其人有肚量，會把資源分享出去給相關的人。

3 資源星最適合入財政和行政區塊，有利事業發展。

4 資源星最不宜入健康區塊，恐怕連呼吸都會胖，增加的只有體重而已。

5 四象星進入任何區塊是好是壞，端看它的主子是什麼星座，才能分析其所引發的化學作用，會讓那顆主星產生何種質變，接著才能分辨其吉凶和利弊。

6 主星與四象星相處所產生的化學效應，將在之後的「四象篇」中有詳細的說明，現在就先打好基本功再說吧！

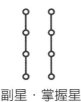

掌握

Control

コントロール

原爲：化權星

星性主軸

掌握星屬太微垣星系副星，爲「四象星」之一，代表權力、欲望，亦主雙。

重點提示

1 掌握星進入總部、外交、欲望等區塊，代表其個性主觀，凡事都想掌控，做事衝動表現欲強，總會強出頭並表現出一副「我說了算」的霸氣。

2 依附的主星愈強，掌握星也會乘旺跟著愈強。若主星「×」，掌握星也會跟著無力，但仍會心不甘情不願的囉唆半天。

3 掌握星的原始基因主雙，在星盤各區塊中皆帶有雙數的作用，如身兼二職、兩份財源、兩個小孩等等。但如果掌握星進入婚姻區塊，同樣主雙，但那可就麻煩大了。

顯耀

renowned

目立つ

原爲：化科星

星性主軸

顯耀星屬太微垣星系副星，爲「四象星」之一，代表名聲、美化、想念，利於考試。

重點提示

1 顯耀星進入總部、欲望區塊，主面子重於一切。

2 顯耀星入親情位，代表貴人就在那裡。

3 童年時逢顯耀星，利於考試，功課比同學好。

4 顯耀星入房產區塊，代表注重客廳的美化。

5 顯耀星入總部也代表有名聲，若主星是「○」，有可能是電視、網路媒體等眾人皆知的知名人物；若主星「×」，可能就只有左鄰右舍認識了。

6 顯耀星入財政區塊，主財露白，藏不了私房錢；入行政區塊，主進入大企業上班；入婚姻區塊則主私情曝光。

7 顯耀星雖主名聲，但名聲有好壞之分，世上的事常常是好事不出門，壞事傳千里。

8 從事演藝、廣告、網路工作者最需要顯耀星來加持，否則累死也不會紅。

阻礙

Obstruction

妨げ

原爲：化忌星

星性主軸

資源星屬太微垣星系副星，爲「四象星」之一，代表是非、挫折，亦主欠缺。

重點提示

1 阻礙星進入星盤任何一個區塊，皆主該區塊面臨是非、挫折、不順，無一能言吉。

2 沒有人的星盤是完美的，人生必有所欠缺，既然先天有欠缺，後天必然想要費盡心思去彌補，阻礙星進入的區塊也正是生活的重心，我們不妨以平常心看待就好。

3 阻礙星所入的區塊，並不代表「沒有」或是你可以「不要」，反而會因阻礙重重和遭遇挫折而更努力、用心去照顧、爭取。

4 上天很公平，所謂好星與壞星大家都有，只是結構不同、程度有別而已，因此分析星盤必須客觀，抱持同理心，切忌先入爲主。

5 分析「四象星」星性時，必須特別謹慎，因其星性分爲三個層次，解盤時需詳查其有效期限，以免誤判。

糾纏

Entangled
もつれた
原為：地劫星

星性主軸

糾纏星的層級雖為副星，但星性不屬於任何星系，為自主性的浮星（類似無任所的大使）。專主無預警之劫難，附帶有挫折與無奈的委屈。與澇神星併稱占星哼哈二將。

澇神

God of flood

洪水の神

原爲：地空星

星性主軸

澇神星的層級雖爲副星，但星性不屬於任何星系，爲自主性的浮星（類似無任所的大使）。專主無預警之災難，如高處墜下或突發性之意外。

重點提示

1 糾纏星與澇神星分開時，各自解讀，其作用力並無多大效用。

2 兩星層級雖爲副星，但若兩星會合或聯手，其威力足以勝過主星，甚至破壞星盤的結構，研習者絕不可低估。

3 兩星概分爲四種不同結構，各具不同之效應：

甲、兩星同區塊：能將區塊裡任何主星之星性扭轉，好的被遮住，不好的也被化解。（如圖一）

乙、兩星聯手挾制一個區塊，被挾制的區塊星性被壓制、牽制，充滿無奈和委屈。（如圖二）

丙、兩星聯手拱制一個區塊，被拱制的區塊事與願違，其結果跟你想要的成反方向發展。當命格與行運落入這拱制的三角方，其殺傷力宛如遇到龍捲風，或是飛航物進入百慕達三角，輕則讓你十年白忙一場，重則讓人一夕之間失去所有。（如圖三）

丁、兩星聯手衝刺交馳，受傷害損失的是兩個區塊，但其表象皆無異樣，但行運不好時，會毫無預警發生，例如遭逢水災、火災、或重大交通事故，無意識的從高處摔倒。（如圖四）

圖一：I、VII（23:00~01:00、11:00~13:00）時辰生的人，糾纏星和澇神星區塊。

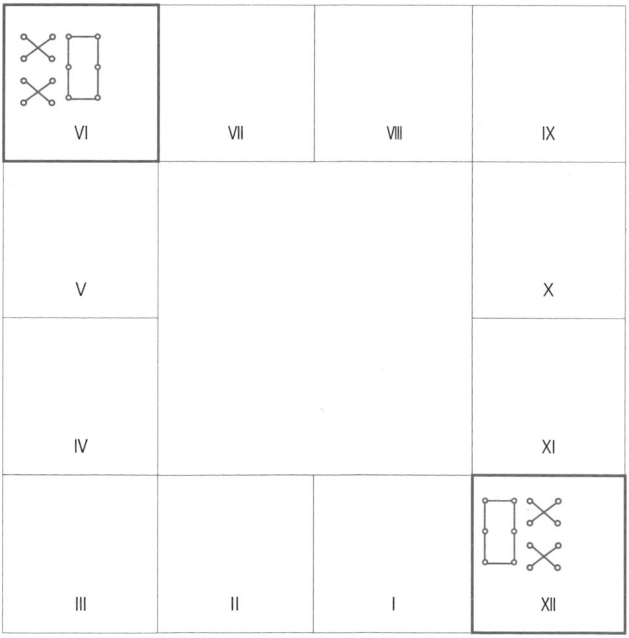

圖二：II、VI、VIII、XII（01:00~03:00、09:00~11:00、13:00~15:00、21:00~23:00）此四個時辰生的人，糾纏星和滂神星挾制一個區塊。

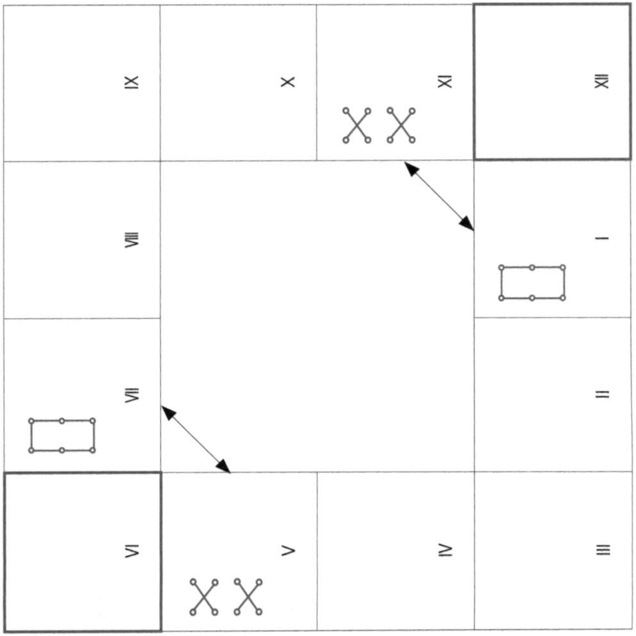

圖三：III、V、IX、XI（03:00~05:00、07:00~09:00、15:00~17:00、19:00~21:00）此四個時辰生的人，糾纏星和澇神星拱制一個區塊，形成百慕達三角。

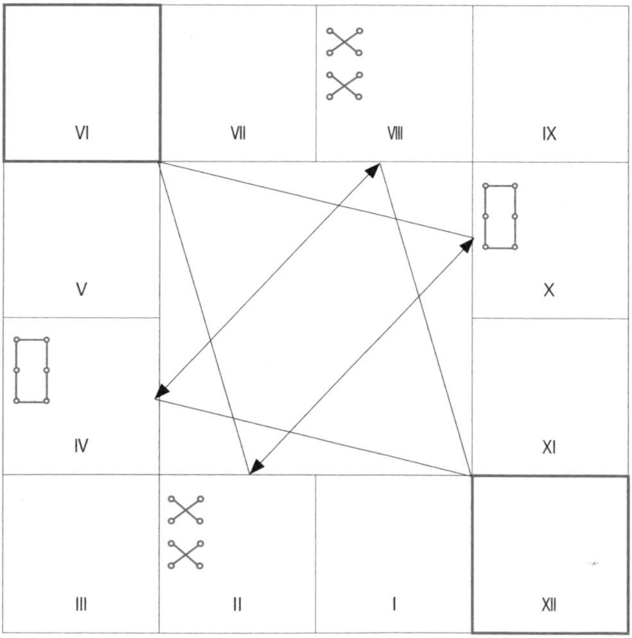

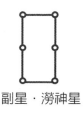

圖四：IV、X（05:00~07:00、17:00~19:00）時辰生的人，糾纏星和滂神星相互對照交馳。

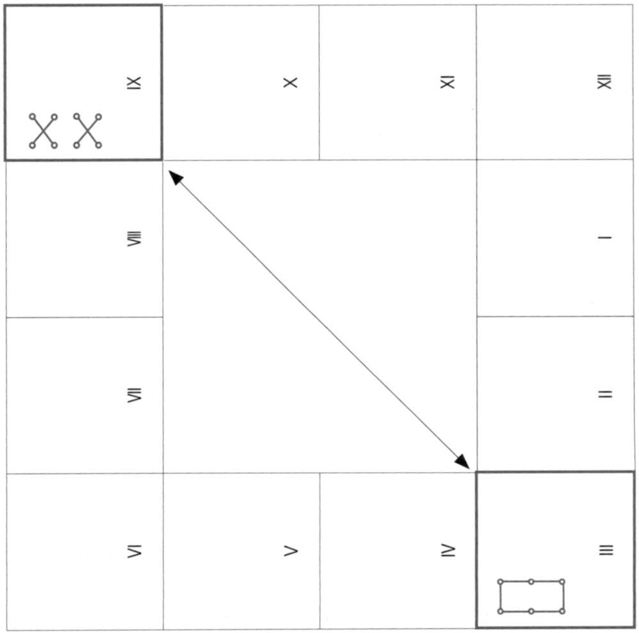

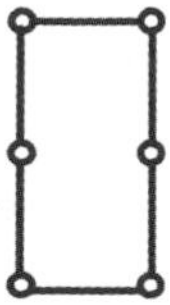

副星・滂神星

關於地支（Ⅰ～Ⅻ）與時辰的相應關係，請參見第30頁〈入門相關知識〉。

偽裝

Pretend
ふり
原爲：截空星

星性主軸

僞裝星的層級雖爲副星，但星性不屬於任何星系，是三個星系之外固定之衛星。僞裝星專門針對區塊之運作功能，具有僞裝、陷阱之作用。

重點提示

1 每張星盤都有一個區塊會被僞裝星侵入，該區塊會被欺瞞，讓研究者容易產生誤判。

2 被偽裝星侵入的區塊，其中的主星與副星的特性與吉凶善惡最容易被誤判。

3 偽裝星是一個固定的衛星，當星盤運轉時，其定位並不會跟著轉動，運轉後的星盤永遠有一個區塊被偽裝，其作用如何展現，端看解盤者的功力。

單星星性分析

輔助星系列

輔助星系列不屬於任何星垣管轄，但因輔助星磁場較弱，與主星同區塊須受主星牽制，較難發揮星性的本質。區塊内若無主星鎮守，輔助星便可反客爲主，極其任性的爲所欲爲，禍福難料。

刀械

Weapons

刀劍

原為：天刑

星性主軸

主血光、權威、官符。

星性重點

1 刀械星入總部，宜軍警武職或司法人員，主有權威，升官較快。

2 可從事廚師、美髮、美甲及與刀械為伍的工作。

3 屬醫師格時（爲別人的貴人），若會到刀械星，才能歸屬於外科醫生。

4 此星入總部或健康區塊，面帶威嚴，不苟言笑，但也是面惡心善，最怕別人掉眼淚。

5 流年逢此星時，若健康區塊不佳，恐有血光之災或官符。

6 流年此星入總部或財政區塊逢煞星，必有官符刑訟。

7 流年此星入朋友區塊，若逢煞星，小心替朋友出面喬事情反而惹禍。

8 流年此星入健康區塊，需當心流行性病毒上身。

姻緣

Marriage
夫婦の縁
原爲：紅鸞

星性主軸

主婚娶、戀愛、喜慶之星，亦是不論同性或異性姻緣配對之主宰星。

星性重點

1 此星雖主婚娶、戀愛之姻緣撮合，但月下老人所接的是「正緣」，「偏緣」或是「孽緣」則需細查星盤的結構才能論定。

2 此星入總部或三方交會，主其身上散發出吸引異性人緣的磁場，不過，吸引來的對象是否是自己想要的人選，則須以流年推斷。

3 此星少年逢之，主戀愛對象出現了；壯年逢之則想結婚建立家庭；中年逢之，容易有第三者介入；老年逢之，主喪偶或血光之災。

4 此星對從事演藝、公關、直播主、舞台表演之行業，有直接加持的作用。

5 此星入健康區塊，主有血液循環的疾病，或是貧血。

6 流年此星入總部或外交區塊，主有豔遇或異性搭訕。

7 流年此星入財政區塊，主有投機之財。

才藝

Talent
才能
原爲：天姚

星性主軸

屬才藝之星，展現才華之星。具有表演欲，亦有臨場機智反應快之特性。

星性重點

1 才藝星入總部或三方照會，若本格不帶桃花，主其人好學、文采風流、聰明機智反應快，臉部表情和肢體語言能豐富傳達個人意念。

2 若本格帶有桃花性質，才藝星將助紂為虐，男性是個獵艷高手，態度玩世不恭，到處捻花惹草；女性重視外表容貌美妝，敢穿敢露、性感大膽，很懂得如何吸引異性目光。

3 此星若與姻緣星同處或交會，在演藝、娛樂圈發展必定可名利雙收。

4 此星入財政區塊，主短暫之投機財，收益難持久。

5 此星若入健康區塊，主其人將偏愛將才藝發揮在閨房之樂上。

6 此星若入房產區塊，主祖產不留，就算有也享用不到。

7 此星若入婚姻區塊，須當心另一半有小三或小王。

8 流年運逢此星，屬結交異性之偏緣桃花，很難開花結成正果。

孤枕

Single pillow

一人

原爲：孤辰

星性主軸

孤枕之性格爲孤僻而固執，喜離群寡居，星性偏重男人。

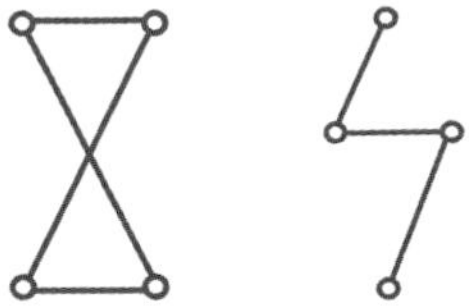

寡宿

Sleep alone

孤独の運命

原爲：寡宿

星性主軸

寡宿星之性格爲孤獨、不近人群、親情不依，星性偏女人。

星性重點

1 關於此二星，古文有云：「男怕孤女怕寡」，其實根據長久的驗證，男人跟女人根本沒差別，兩星皆不利人際關係之經營，爲現代之宅男宅女。

2此二星入總部，男性不解風情，女性不懂情趣。

3此二星入房產線，表示當事人年老時，晚輩無暇照顧，或自己不願同處而離親獨居。

4兩星星性相當不合群，喜離群索居，銀髮後多半會成爲獨居老人。

5從另外的角度來看，此二星較能耐得住寂寞，也較能沉下心思專心做一件事，不易爲外界事物誘惑。

6此二星若伴合軍師星、監察史星，則中年後必加深宗教信仰，醉心法會或教會。

7此二星入晚輩區塊，顯示世代溝通不良，彼此成見很深，難以化解。

鬼魅

Ghost
化け物
原爲：陰煞

星性主軸

星性主暗藏、潛伏、猜疑、陰邪之事。

星性重點

1 此星若入總部，其人腦波易受不同頻率的電波干擾，磁場能與三度空間的磁場接合。

2 此星入健康區塊，主帶有暗疾且不易被檢查出來。

3 此星入房產區塊，容易買到凶宅或鄰居是凶宅。

4 此星入婚姻區塊，易有冥婚的可能。

5 此星入行政區塊，可從事殯葬禮儀或相關之行業。

6 此星入欲望區塊，腦波不易集中，容易產生幻覺、多夢現象。

7 流年逢此星，腦波雜亂，容易「空間迷失」造成意外，應謹慎使用交通工具。

8 流年逢此星，不宜進入磁場紊亂的場所，如殯儀館、法會、醫院探病或大型演唱會，以防腦波頻率被蓋合。

9 流年逢此星入外交區塊，不宜登山、露營、海邊戲水、夜遊，容易遇到靈異事件。

宗教

Religion
宗教
原爲：華蓋

星性主軸

星性主孤高、威儀、宗教與哲學。

星性重點

1 此星入總部，主其人個性孤獨不群且帶威儀，君子嫉之，小人畏之，一般人敬畏而不敢侵犯，其實心地仁慈喜助弱扶老。

2 此星入總部，主其人很有宗教信仰基因，對宗教虔誠，甚至願意入世當使者。

3 當此星入行政區塊，年輕參加考試時可選擇較冷門路線，或是與宗教、哲學相關科系。

4 流年逢之則不利科舉考試，考出來的成績往往比平時差，寧可明年再考一次才能滿意。

座騎

Ridding horse

馬

原為：天馬

星性主軸

星性主奔馳忙祿，不宜固定行政工作。性格上主好動、外向，難以久居一地。

星性重點

1 此星入總部，主其人個性好動，不耐久坐，喜到處旅遊。

2 此星入總部或行政區塊，適合從事交通事業、外勤業務、旅遊業或物流業。

3 此星若與「資源星」會合，宜往外地發展，遠方取財。

4 此星若與「顯耀星」會合，則有出國留學的機會。

5 流年健康區塊逢座騎星，容易被感染流行性之疾病。

6 流年逢此星，必有遠行之事實。

7 流年若逢此星，代表有某方面之變動，是工作？還是住所？需進一步詳查。

8 流年此星逢掌握星，將有升遷異動。

9 流年逢此星，主交通工具故障、更新等項目。

作者啓事

爲服務喜歡本學術之讀者，特成立下列配套措施，讀者可隨喜選用。

1 獨家授權「社團法人中華民國占驗紫微學會」爲本學術之傳承、師資培訓及授證機構。

2 獨家授權「星都企業有限公司」爲本學術相關之排盤軟體、性向分析圖表等之下載、網路服務等等。

欲進一步瞭解，請至 www.skyfate.tw

國家圖書館出版品預行編目資料

東方星理學．單星篇／天乙上人著 .-- 初版 .-- 臺北市：春光出版：家庭傳媒城邦分公司發行, 民109.04
面； 公分

ISBN 978-957-9439-91-6（命理開運；精裝）

1. 紫微斗數

293.11 109003666

東方星理學【單星篇】

作　　者／天乙上人
企劃選書人／劉毓玫
責任編輯／王雪莉
內文編輯／劉毓玫

版權行政暨數位業務專員／陳玉鈴
資深版權專員／許儀盈
行銷企劃／陳姿億
行銷業務經理／李振東
副總編輯／王雪莉
發行人／何飛鵬
法律顧問／元禾法律事務所　王子文律師
出　　版／春光出版
台北市104中山區民生東路二段 141 號 8 樓
電話：(02) 2500-7008　傳眞：(02) 2502-7676
部落格：http://stareast.pixnet.com/blog　E-mail：stareast_service@cite.com.tw
發　　行／英屬蓋曼群島商家庭傳媒股份有限公司城邦分公司
台北市中山區民生東路二段 141 號11 樓
書虫客服服務專線：(02) 2500-7718．(02) 2500-7719
24小時傳眞服務：(02) 2500-1990．(02) 2500-1991
服務時間：週一至週五9:30-12:00．下午13:30-17:00
劃撥帳號：19863813　戶名：書虫股份有限公司
讀者服務信箱E-mail: service@readingclub.com.tw
歡迎光臨城邦讀書花園　網址：www.cite.com.tw
香港發行所／城邦（香港）出版集團有限公司
香港灣仔駱克道 193 號東超商業中心 1 樓
電話：(852) 2508-6231　傳眞：(852) 2578-9337
E-mail : hkcite@biznetvigator.com
馬新發行所／城邦（馬新）出版集團【Cite(M)Sdn. Bhd.(458372U)】
41, Jalan Radin Anum, Bandar Baru Sri Petaling,
57000 Kuala Lumpur, Malaysia.
電話：(603) 90578822　傳眞：(603)90576622　E-mail：cite@cite.com.my.

封面設計／鍾瑩芳
內頁排版／游淑萍
印　　刷／高典印刷有限公司

■ 2020 年（民 109）4 月 9 日初版

Printed in Taiwan

售價／599元

ISBN 978-957-9439-91-6

城邦讀書花園
www.cite.com.tw

廣	告	回	函
北區郵政管理登記證			
台北廣字第000791號			
郵資已付，免貼郵票			

104台北市民生東路二段141號11樓

英屬蓋曼群島商家庭傳媒股份有限公司

城邦分公司

請沿虛線對折，謝謝！

愛情・生活・心靈

閱讀春光・生命從此神采飛揚

春光出版

書號： OC0082C	書名： 東方星理學・單星篇

請於此處用膠水黏貼

讀者回函卡

謝謝您購買我們出版的書籍！請費心填寫此回函卡，我們將不定期寄上城邦集團最新的出版訊息。

姓名：________________

性別：□男　□女

生日：西元________年________月________日

地址：________________

聯絡電話：________________　傳真：________________

E-mail：________________

職業：□1.學生 □2.軍公教 □3.服務 □4.金融 □5.製造 □6.資訊

□7.傳播 □8.自由業 □9.農漁牧 □10.家管 □11.退休

□12.其他 ________________

您從何種方式得知本書消息？

□1.書店 □2.網路 □3.報紙 □4.雜誌 □5.廣播 □6.電視

□7.親友推薦 □8.其他 ________________

您通常以何種方式購書？

□1.書店 □2.網路 □3.傳真訂購 □4.郵局劃撥 □5.其他 ________

您喜歡閱讀哪些類別的書籍？

□1.財經商業 □2.自然科學 □3.歷史 □4.法律 □5.文學

□6.休閒旅遊 □7.小說 □8.人物傳記 □9.生活、勵志

□10.其他 ________________

為提供訂購、行銷、客戶管理或其他合於營業登記項目或章程所定業務之目的，英屬蓋曼群島商家庭傳媒（股）公司城邦分公司，於本集團之營運期間及地區內，將以電郵、傳真、電話、簡訊、郵寄或其他公告方式利用您提供之資料（資料類別：C001、C002、C003、C011等）。利用對象除本集團外，亦可能包括相關服務的協力機構。如您有依個資法第三條或其他需服務之處，得致電本公司客服中心電話 (02)25007718請求協助。相關資料如為非必要項目，不提供亦不影響您的權益。

1. C001辨識個人者：如消費者之姓名、地址、電話、電子郵件等資訊。
2. C002辨識財務者：如信用卡或轉帳帳戶資訊。
3. C003政府資料中之辨識者：如身分證字號或護照號碼（外國人）。
4. C011個人描述：如性別、國籍、出生年月日。

請於此處用膠水黏貼